ORGANIZAÇÃO ESCOLAR E DEMOCRACIA RADICAL
Paulo Freire e a governação democrática da escola pública

EDITORA AFILIADA

Dados Internacionais de Catalogação na Publicação (CIP)
(Câmara Brasileira do Livro, SP, Brasil)

Lima, Licínio C.
 Organização escolar e democracia radical : Paulo Freire e a governação democrática da escola pública / Licínio C. Lima. -- 5. ed. -- São Paulo : Cortez, 2013.

 Bibliografia.
 ISBN 978-85-249-2014-1

 1. Autonomia escolar 2. Democratização do ensino 3. Escolas - Administração e organização - Estudo e ensino 4. Escolas públicas 5. Freire, Paulo, 1921-1997 6. Pedagogia crítica I. Título. II. Título: Paulo Freire e a governação democrática da escola pública.

13-01952   CDD-370.1

Índices para catálogo sistemático:

1. Freire, Paulo : Pedagogia : Educação   370.1
2. Pedagogia freiriana : Educação   370.1

Licínio C. Lima

ORGANIZAÇÃO ESCOLAR E DEMOCRACIA RADICAL
Paulo Freire e a governação democrática da escola pública

5ª edição

ORGANIZAÇÃO ESCOLAR E DEMOCRACIA RADICAL
Licínio C. Lima

Capa: DAC Design
Preparação de texto: Solange Martins
Revisão: Lucimara Carvalho
Composição: Linea Editora Ltda.
Coordenação editorial: Danilo A. Q. Morales

Nenhuma parte desta obra pode ser reproduzida ou duplicada sem autorização expressa do autor e da Editora.

© 1999 by Autor

Direitos para esta edição
CORTEZ EDITORA
Rua Monte Alegre, 1.074 – Perdizes
05014-001 – São Paulo – SP
Tel.: (11) 3864-0111   Fax: (11) 3864-4290
e-mail: cortez@cortezeditora.com.br
www.cortezeditora.com.br

Impresso no Brasil – março de 2013

"Numa perspectiva realmente progressista, democrática e não autoritária, não se muda a 'cara' da escola por portaria. Não se decreta que, de hoje em diante, a escola será competente, séria e alegre. Não se democratiza a escola autoritariamente."

(P. Freire, *A educação na cidade*)

"Ninguém é autônomo primeiro para depois decidir."
"É decidindo que se aprende a decidir."

(P. Freire, *Pedagogia da autonomia*)

Sumário

Prefácio à 5ª edição 9
Apresentação 13

1. Introdução: abrindo diálogos sobre textos e ações em aberto ... 19
2. Democracia radical e pedagogia democrática:
   organização e participação como práticas da liberdade 27
3. Democratização da escola, participação comunitária e
   cidadania crítica 35
4. Política educativa, organização escolar e descentralização 49
5. Da *politicidade* e *pedagogicidade* da organização escolar 65
6. Autonomia da pedagogia da autonomia? 73
7. Pedagogia da autonomia: ensinar e aprender a decidir
   através da prática de decisões 83
8. Autonomia da pedagogia: as decisões autônomas dos
   professores, a autonomia das escolas e a democratização
   dos poderes educativos 95
9. Considerações finais: crítica à educação indecisa 105

Referências bibliográficas e documentais 117

Prefácio à 5ª edição

A primeira edição deste livro foi publicada no Brasil há pouco mais de uma década, tendo resultado de um projeto de estudo que empreendi em torno do pensamento e da obra de Paulo Freire, logo a seguir ao desaparecimento deste em 1997. O trabalho envolveu certos riscos e algumas dificuldades, de que logo dei conta ao leitor, destacando-se, em primeiro lugar, a dimensão da obra de Freire, cuja totalidade se procurava, tendencialmente, abarcar e, ainda, o conhecimento de outras fontes primárias para o estudo da sua ação como administrador público na cidade de São Paulo. O acesso a fontes secundárias, embora bastante mais fácil, revelava já, em finais da década de 1990, as dificuldades inerentes ao seu elevadíssimo número, à diversidade da sua proveniência e dos seus registros, por vezes mesmo à extrema variação da sua qualidade, da fiabilidade dos seus dados e do rigor acadêmico das suas conclusões. Freire também é conhecido através de certos lugares-comuns, que sobre todos os grandes autores são engendrados e postos a circular, mitificando-os e, simultaneamente, cristalizando-os em torno de um limitado número de ideias, ou máximas, simplificando e atomizando o seu pensamento e abstendo-se, por essa via, de o estudar e discutir criticamente. Em segundo lugar, confrontei-me com os riscos inerentes à *démarche* interpretativa por que optei, sem o que o ensaio daí resultante perderia especificidade e razão de ser: a pesquisa sociológica-organizacional em torno das concepções de governação democrática da educação, de participação e de gestão democrática da escola pública nos trabalhos de Freire, desde as suas primeiras obras, embora conferindo particular atenção à sua produção, e ação, ao longo dos anos 1990.

Embora conhecesse, desde a segunda metade da década de 1970, o *opus magnum* de Freire, não foi, porém, a *Pedagogia do oprimido* que motivou o meu regresso ao universo freiriano em termos de estudo sistemático, nos anos 1990, já para além de referências esparsas a obras suas, no contexto dos meus trabalhos sobre educação de adultos. O reencontro com Freire deu-se a partir da leitura do conjunto de entrevistas que ele reuniu no livro *A educação na cidade*, realizadas ao longo do período em que assumiu a direção da Secretaria Municipal de Educação de São Paulo: fui, empiricamente, um dos leitores curiosos, a quem Freire diz, no prefácio daquela obra, pretender entregar o livro. Com efeito, Freire, enquanto administrador público da educação, refletindo e agindo sobre a democratização da organização e administração escolares, sobre colegiados, autonomia da escola e seu projeto educativo, defendendo a participação das famílias dos alunos e da comunidade, tendo em vista a "mudança da cara da escola", representou, para mim, tanto uma surpresa intelectual quanto uma estimulante coincidência de interesses, mergulhado que estava, já desde os primeiros anos da década de 1980, na pesquisa sobre a democracia na escola e as práticas de participação de alunos e professores, possibilidades abertas pela democratização portuguesa iniciada com a Revolução do 25 de abril de 1974. Mas tais possibilidades, mesmo quando constitucionalmente consagradas e plasmadas nos mais importantes decretos governamentais, revelavam-se, com frequência, de difícil realização, de trânsito pouco fluido, quando não contraditório nas suas vias, entre o que viria a designar por plano das orientações para a ação e o plano da ação em curso em cada organização educativa concreta. As resistências dos principais partidos políticos portugueses e dos repectivos governos a formas de democratização da administração escolar e de autonomia das instituições, passados apenas alguns anos após a instauração do regime democrático, não obstante a importante, mas por si só insuficiente, eleição de órgãos colegiais que simbolizavam a gestão democrática das escolas, dessa forma articulando, perversamente, uma colegialidade democrática com uma administração burocrática centralizada e adotando formas retóricas e procedimentais de autonomia das escolas, viria mesmo a suscitar-me, em trabalho realizado com outros colegas em finais dos anos 1980, propostas alternativas, apresentadas no quadro da reforma educativa que então ocorria em Portugal. Ler as ideias de Freire e, também, sobre os seus projetos e as suas realizações em torno da democratização e da autonomia da escola pública, após ter concluído uma pesquisa de seis anos sobre o tema e depois de conhecer o destino político das propostas alternativas de que participara, representou um estímulo intelectual que não esqueço. Independentemente das possíveis coincidências entre algumas ideias e realizações de Freire e aquilo que havíamos proposto uns anos antes, em Portugal, matéria que entendo deixar à apreciação futura de outros, mas de que há já algumas sinalizações interessantes por parte de autores críticos e independentes, a verdade é que a produção deste trabalho não deixou de representar uma resposta a interesses de pesquisa antigos, a dados e conclusões que havia publicado recentemente, a frustrações resultantes de propostas político-educativas recusadas pelos poderes instituídos, mas, sem dúvida acima de tudo isso, resultou de um genuíno interesse em aprofundar o meu conhecimento de Paulo Freire e de, por essa forma, me preparar para ensaiar um diálogo com os seus textos.

Passada mais de uma década sobre a primeira edição deste trabalho, permanecem as dificuldades e os riscos referidos, de resto, entretanto, partilhados com públicos alargados, de vários países e distintas línguas. No caso específico do Brasil, registro a generosidade do continuado interesse dos leitores e, até, de alguns dos mais reputados especialistas e discípulos de Paulo Freire que, hoje, em boa parte devido à publicação deste livro, tenho o privilégio de conhecer e de ter encontrado em numerosas reuniões científicas, seminários internacionais, comemorações realizadas a propósito de Paulo Freire, em vários países e continentes, a cujas obras e ensinamentos fui acedendo.

O meu processo de aprendizagem sobre Freire e as potencialidades da sua obra, designadamente no que às matérias de política educacional e de organização e administração das escolas se refere, está, contudo, muito longe de poder ser dado por concluído. Isso mesmo transparece do estudo que foi agora objeto de revisão, atualizando fontes primárias e secundárias, integrando dados de novas pesquisas, colhendo da minha experiência de lecionação de um curso semestral sobre *política e politicidade da educação em Paulo Freire*, que iniciei em 2000 na Universidade do Minho, beneficiando de estudos que publiquei entretanto, com destaque para aquele que retomo nas considerações finais a esta edição e cuja primeira versão publiquei, a convite da professora Ana Maria Saul, no número comemorativo dos 90 anos do nascimento de Paulo Freire, organizado pela *Revista e-curriculum* (v. 7, n. 3, de 2011), da PUC-SP.

As mudanças estruturais, porém, são poucas, tendo preferido atualizar, corrigir, completar, embora limitando a possível irrupção de fontes e de novas temáticas, sem dúvida uma solução tentadora e aliciante, mas que entendi dever conter dentro dos objetivos que presidiram ao projeto original: estudar as concepções organizacionais e de governação democrática das escolas no pensamento e na obra de Paulo Freire e com ele examinar criticamente os obstáculos persistentes, e renovados, que se vêm colocando ao exercício de formas de autonomia, de participação e decisão democráticas na organização escolar.

L. C. L.
Braga, agosto de 2012

Apresentação

Os fenômenos de despolitização da organização escolar e das práticas da sua administração, defendendo a sua subordinação a ideologias gerencialistas e neocientíficas, frequentemente de extração empresarial, seja propondo a criação de *mercados internos* no seio da administração pública, criando fórmulas para a construção de *escolas eficazes*, devolvendo responsabilidades e encargos sob a defesa de uma *gestão centrada na escola* e de uma *autonomia* meramente instrumental, seja consagrando modelos de avaliação e de prestação de contas baseados nas tecnologias de controle propostas pela *Gestão da Qualidade Total*, ora (re)centralizando certos poderes de decisão, ora *descentralizando* outros compatíveis com estratégias de desregulação e de privatização do setor público da educação, vêm nos últimos anos ocorrendo com maior ou menor intensidade em quase todos os países e sistemas escolares.

Os problemas inerentes à *governação democrática* da escola pública tornaram-se, assim, mais complexos e difíceis, especialmente quando os processos de democratização e de participação nas decisões não só deixaram de ser apresentados como política e socialmente relevantes, mas passaram mesmo a ser representados como obstáculos a uma gestão escolar mais *moderna* e *racional*, mais *eficaz* e *eficiente*.

Perante discursos políticos que se apoiam em critérios pretensamente técnicos e de superior *performance*, incompatibilizando política e administração, educação e democracia, pedagogia e cidadania democrática, através do recurso a narrativas racionalizadoras de inspiração neotayloriana, é indispensável submeter à análise crítica tais ideologias e práticas político-administrativas, tanto mais quanto elas parecem propagar-se de forma relativamente autônoma e independente em face dos diversos contextos socioeconômicos e culturais e até mesmo em face das diferentes forças políticas que neles governam.

Se a esse estudo, ensaiando um olhar sociológico-organizacional que revele a natureza política e educativa das práticas organizacionais e administrativas escolares, se aliar a reflexão sobre políticas alternativas, a construção de *modelos de governação* mais democráticos, comprometidos com a emancipação e a autonomização dos sujeitos, então o pensamento e a obra de Paulo Freire emergem com extraordinária força e oportunidade. Nesse exercício de resistência à despolitização (e tantas vezes à privatização) da escola pública, de defesa de uma educação escolar comprometida com os valores do domínio público, com o aprofundamento da democracia e da cidadania, com a igualdade e a justiça, os contributos, as interrogações e os desafios propostos por Freire parecem-me incontornáveis.

Foi a compreensão desse fato que motivou o presente trabalho — um estudo, apenas um estudo, que busca interrogar um conjunto de textos escritos por Paulo Freire e também por outros autores que com ele trabalharam e dialogaram, e ainda diversas contribuições e interpretações em torno do seu pensamento, ensaiando uma focalização sociológica-organizacional das realidades políticas e administrativas do sistema escolar e da escola enquanto organização educativa pública, assim prosseguindo os estudos que venho realizando há mais de três décadas sobre democracia e participação na escola.

É por essa razão que, ao contrário da generalidade dos livros e artigos que abordam o seu pensamento, este trabalho não foi escrito por um especialista em Paulo Freire, conhecedor profundo do seu contexto sócio-histórico e cultural, ou experimentado exegeta da vasta obra que nos legou. Foi escrito por alguém que se foi especializando no estudo sociológico das organizações educativas e que a partir dos seus interesses e das suas inquietações procura estabelecer um diálogo com os textos de Freire e interrogá-los, tendo partilhado em primeira instância esse exercício com os leitores portugueses e dessa forma prosseguindo o trabalho de (sempre) estudante das matérias políticas, organizacionais e administrativas que caracterizam a escola pública e os problemas da sua *governação*. Esse é, de resto, um conceito central ao trabalho apresentado, merecendo, por isso, breve esclarecimento. Do latim *gubernatione*, a palavra "governação" (já usada em língua portuguesa pelo menos desde o século XV) significa condução, direção, ação ou efeito de governar. Embora seja apresentada em vários dicionários como sinônimo de administração e de governo, entendo destacar a ideia de processo, exercício e ação de governar, mais do que os sentidos de instituição ou de aparelho político-administrativo, ou ainda de estruturas, órgãos e poderes formais de governo. No caso da governação democrática das escolas, trata-se de uma perspectiva conceitual que focaliza intervenções democraticamente referenciadas, exercidas por atores educativos e consubstanciadas em ações de (auto) governo; ações que não apenas se revelam enquanto decisões político--educativas tomadas a partir de contextos organizacionais e de estruturas de poder de decisão, mas que também interferem na construção e recriação dessas estruturas e de formas mais democráticas de exercer os poderes educativos no sistema escolar, na escola, na sala de aula etc.

O resultado do trabalho empreendido é, seguramente, mais relevante em termos de autoformação da parte de quem estuda e escreve, do que em termos do ensaio conseguido, naturalmente acusando as limitações inerentes à abordagem de uma obra vasta e polifacetada, a partir de interesses específicos e de uma posição de observação tão geograficamente distante, ainda que, por outras razões, bastante mais próxima. Em todo o caso, como escreveu Paulo Freire, estudar é isto mesmo, "é assumir uma relação de diálogo com o autor do texto, cuja mediação se encontra nos temas de que ele trata. Esta relação dialógica implica na perceção do condicionamento histórico-sociológico e ideológico do autor, nem sempre o mesmo do leitor" (Freire, 2001a, p. 12).

Com todas as limitações e dificuldades, também próprias do processo da minha aprendizagem de Freire e das realidades da sociedade e da educação brasileiras, aqui fica à consideração dos leitores a expressão do meu *enfrentamento* com o autor, a obra e o mundo do "andarilho da utopia", bem como algumas contribuições orientadas para a *descodificação* das organizações escolares e para a *prática de pensar as práticas* político-administrativas em educação.

Não obstante as dificuldades e limitações referidas, pude contar com o apoio, a sugestão de materiais e a disponibilização de fontes, por parte de alguns amigos que é justo nomear e a quem quero agradecer: aos meus colegas do Departamento de Sociologia da Educação e Administração Educacional da Universidade do Minho, Almerindo Afonso (e por seu intermédio a Ricardo Kotscho) e Carlos Vilar Estêvão; a Amélia Vitória Sancho, Paula Guimarães e Ana Paula Barros, todas da Unidade de Educação de Adultos da Universidade do Minho; a Ney Cristina Oliveira e a Orlando Souza, antigos alunos de Paulo Freire na Pontifícia Universidade Católica de São Paulo, também antigos estudantes *meus*, no Brasil e em Portugal, com quem pude aprender mais sobre Paulo Freire, aceder a novas leituras e a materiais de trabalho que eles e outros amigos no Brasil me fizeram chegar, em especial Selma Rocha, a quem devo o acesso a importantes fontes da Secretaria Municipal de Educação de São Paulo.

Agradeço também: aos organizadores do *Simpósio Paulo Freire*, realizado em março de 1998 na Faculdade de Psicologia e de Ciências da Educação da Universidade de Lisboa, pelo convite que me formularam para participar numa mesa redonda sobre a "Vida e Obra de Paulo Freire", onde apresentei alguns dados preliminares do estudo agora publicado e onde pude seguir outras importantes intervenções, designadamente as de Maria de Lourdes Pintasilgo, António Nóvoa e Michael Apple; a Steve Stoer e a Luiza Cortesão, da Universidade do Porto, pelo convite que me dirigiram para participar na organização de um número temático, dedicado a Paulo Freire, da Revista *Educação, Sociedade & Culturas* (n. 10, de 1998), circunstância que propiciou a publicação de um primeiro trabalho que aqui retomo (então com o título *"Mudando a Cara da Escola*: Paulo Freire e a Governação Democrática da Escola Pública"), e ainda uma estimulante sessão de apresentação pública daquele número da Revista, em novembro de 1998, onde pude intervir na companhia daqueles colegas e também de Raúl Iturra (Universidade de Lisboa) e de Carlos Alberto Torres (UCLA, EUA); à direção da Revista *Inovação*, editada pelo Instituto de Inovação Educacional do Ministério da Educação (Lisboa), onde publiquei (v. 12, n. 2, de 1999) um artigo intitulado "Autonomia da Pedagogia da Autonomia", que aqui surge incorporado; ao Instituto Paulo Freire e especialmente ao seu Diretor Geral, Moacir Gadotti, pela forma como este estudo foi acolhido e pelas reflexões e sugestões suscitadas em reunião de trabalho que realizamos em São Paulo, no IPF, em finais de novembro de 1999, contando também com a presença estimulante e experiente dos responsáveis pela Cortez Editora.

Finalmente, quero agradecer a estudantes, professoras e professores brasileiros, com quem tenho tido a oportunidade de trabalhar nos últimos anos, numa estimulante troca e partilha de saberes, numa recíproca curiosidade e genuíno interesse pelo outro e por seu contexto histórico e sociocultural, seja em congressos e reuniões (da ANPEd à ANPAE), em cursos intensivos de pós-graduação (como na UNIMEP), ou em seminários e palestras (como na PUC, na UNESP e na USP), onde sempre recebi mais do que poderei jamais retribuir. Neste processo da minha aprendizagem do Brasil e de suas realidades socioeducativas, sou especialmente devedor da amizade e do carinho de colegas que, por diversas formas, se tornaram especialmente responsáveis por minhas participações em seu País e com quem tem sido um privilégio poder colaborar; quero por isso dedicar-lhes este trabalho e através deles saudar todos aqueles que tenho contactado pessoalmente: ao Afrânio Mendes Catani, ao Celestino Alves da Silva Junior, ao João dos Reis Silva Junior, à Lourdes Marcelino Machado, à Rinalva Cassiano Silva, ao Valdemar Sguissardi e ao Vitor Henrique Paro.

Licínio C. Lima
Braga, dezembro de 1999

1

Introdução:
abrindo diálogos sobre textos e ações em aberto

O leitor que conheça Paulo Freire a partir das referências seminais, de há muito consideradas clássicas, que produziu nos anos 60 e 70 do século XX (e que em Portugal conheceram maior visibilidade e despertaram grande interesse sobretudo após a Revolução de 25 de abril de 1974) — principalmente *Educação como prática da liberdade* e *Pedagogia do oprimido* —, mas que entretanto não o tenha acompanhado ao longo das duas décadas seguintes, poderá manifestar alguma estranheza em face da matéria estudada neste trabalho. Até mesmo quem, ao contrário, tenha seguido com atenção o percurso intelectual, político e pedagógico de Freire nos últimos anos e lido as suas obras mais recentes, embora reconhecendo a presença do tema, poderá duvidar do seu caráter substantivo e da possibilidade do seu tratamento autônomo, a partir do conjunto da sua obra. Porém, é exatamente isso que se intenta neste texto, ainda que numa primeira abordagem necessariamente limitada pelo conhecimento e acesso a um *corpus* de textos, de falas e de leituras, de ações e de testemunhos delas, de que geograficamente nos separa o Atlântico,[1] embora nos una a língua e sobretudo nos

---

1. É importante voltar a realçar as limitações inerentes a este estudo, naturalmente muito dependente de um olhar sociológico-político-organizacional que o autor vem ensaiando há três

aproximem e desafiem outras geografias e outros *topoi* (e também *utopias*), em torno de uma educação democrática que não creio inventável e atualizável à margem de uma estruturação e governação democráticas da escola pública (cf., entre outros trabalhos, Lima, 1988, 1992, 1996a).

Construída (e vivida) ao longo de mais de três décadas, dando testemunho de diferentes tempos históricos e de variados espaços políticos, geográficos e culturais, a obra escrita de Freire é demasiado vasta e multifacetada para se deixar aprisionar em esquemas reducionistas, em grelhas simples de leitura, e principalmente em prescrições metodológicas e tecnicistas. Apesar de algumas apropriações nesse sentido,[2] o caráter indagativo, dialógico e humanista-crítico do seu pensamento é incompatível com recepções fixistas, dogmáticas e sectárias, ou de tipo *extensionista* e *colonizante*, perspectivas que, de resto, tão firmemente criticou. Trata-se de um trabalho de reflexão que testemunha e interroga a própria ação político-pedagógica desenvolvida

---

décadas nos seus trabalhos sobre as realidades socioeducativas portuguesas e que agora de novo convoca, procurando a partir dele e de seu contexto um encontro possível com a obra de Paulo Freire e um diálogo que teve por interlocutor primeiro o leitor português. Embora não constitua objeto central deste trabalho, a ação de Freire enquanto Secretário Municipal da Educação da Cidade de São Paulo é aqui abordada à margem de uma investigação *in loco* que considero essencial; e assim, as limitações são neste caso comparativamente maiores, ficando o trabalho muito subordinado aos textos, a outros estudos e a algumas importantes fontes documentais da SME de São Paulo a que afortunadamente tive acesso, mas que não deixam de ser lacunares e sobretudo incapazes de substituir a riqueza inerente à pluralidade de fontes, de testemunhos e de possíveis pontos de vista divergentes.

2. Referindo-se a algumas de suas recepções em Portugal, Maria de Lourdes Pintasilgo escreveu: "Enquanto Paulo Freire interrogava, os manuais ideológicos davam respostas. Enquanto Paulo Freire desafiava, os manuais ideológicos dogmatizavam" (Pintasilgo, 1998, p. 10). Também Nóvoa (1998a, p. 169-70), comentando a pluralidade de recepções do trabalho de Freire, se refere a "uma leitura fixista, bastante corrente na Europa, que se reporta essencialmente aos textos dos anos 60, denunciando as características 'ortodoxas', 'marxistas' e 'revolucionárias' das suas reflexões", para além de uma "perspectiva *estilizada*" (que tenderá a insularizar as dimensões metodológicas) e de um "olhar ingênuo" (de tipo idealista), estas mais frequentes, respectivamente, na América do Norte e nos chamados "países em vias de desenvolvimento". Veja-se também Stoer & Dale (1999) sobre as apropriações políticas de Freire durante a revolução portuguesa do 25 de abril de 1974.

pelo autor, num constante vai-vém teoria e prática, reflexão e ação (nele indissociáveis), de um diálogo com os seus críticos, de um pensar dialético e praxiológico, que fazem da sua obra (escrita e não escrita) uma obra em processo e, seguramente, uma *obra-aberta*.

Recusando todo o tipo de enclausuramento e de ortodoxia, sem nunca denegar a sua militância ou enfraquecer as suas convições, antes se oferecendo à crítica e à argumentação incessante, rejeitando práticas *invasoras*, de endoutrinamento ou de simples persuasão e convencimento, radicalmente opostas às suas concepções libertadora e problematizadora de educação, oferece-nos uma obra solidamente referenciada a opções políticas e ancorada em valores e compromissos éticos. Não um acervo definitivamente balizado ou encerrado sobre si mesmo, mas antes revelador da sua *incompletude* (e mesmo comprazendo-se nela), abrindo-se a muitos temas e problemas que por vezes só enunciou, mas não aprofundou,[3] e a outros que, não tendo chegado a ser enunciados, poderão congruentemente vir a ser engendrados a partir de sua matriz.

Não surpreende, por isso, que tanto se tenha escrito já *com* Freire e *sobre* Freire, nem que o diálogo entre ele e outros autores/leitores prossiga, abrindo frentes de debate, rasgando novos interesses, interrogando-o a partir de diferentes ângulos e focalizações, ensaiando intertextualidades inesperadas.[4] O diálogo com os textos contém essa virtualidade espantosa que é a de poder dispensar a presença física do autor, o qual, de resto, sempre deixa de gozar do monopólio da interpretação dos seus textos e do poder de controlar a sua significação a partir do momento em que a comunicação se atualiza pela iniciativa

---

3. Como pertinentemente foi afirmado no editorial que a revista brasileira *Educação & Sociedade* lhe dedicou, "o estudo do pensamento e da militância de Paulo Freire, poderá [...] nos abrir caminhos para o estudo de temas que ele enunciou, mas que não pôde desenvolver" (cf. Camargo, 1997, p. 11).

4. E assim, ao tentarem *dizer mais do que o que foi dito antes*, ou mesmo ao redizerem não mimeticamente, não creio que possam ser acusados de alimentarem essa "espécie de 'indústria' de Freire" que é criticada por Michael Apple (1998, p. 26).

de cada leitor (e é também por esta via que texto e autor *se vão da lei da morte libertando*). Naturalmente que os riscos envolvidos são grandes, mas os riscos-de-autor pressupõem sempre os riscos-de-leitor; sem estes, a obra fecha-se e empobrece, ao passo que com eles não apenas sobrevive como renasce a cada leitura e, frequentemente, dá origem a novos textos que com ela entretecem diálogos e confrontam razões. Neste sentido, todos os diálogos são legítimos a partir de uma racionalidade comunicativa; serão porém criticáveis quando descontextualizarem, atomizarem ou amputarem as ideias centrais do autor, assim *acriticamente apropriadas* (McLaren, 1997, p. 12) ou *politicamente despidas* (Giroux, 1997, p. 15).[5]

Por todas essas razões, não é fácil escrever sobre Freire e sua obra (e hoje é talvez mais difícil), e particularmente estudá-lo a partir de questões organizacionais e administrativas da educação, matérias à primeira vista excêntricas ao seu trabalho e aos seus interesses (e eventualmente às representações que sobre eles fomos por vezes construindo). Porém, o problema também não é independente das próprias perspectivas e conceitualizações de administração educacional adotadas, como se verá. Se é verdade que nele não encontramos uma reflexão organizacional e administrativa sistemática, nem uma discussão referenciada às teorias e aos conceitos mais tradicionais, ou mais imediatamente reconhecíveis, das teorias organizacionais, e muito menos focalizações de tipo gerencialista incompatíveis com a sua defesa da "politicidade" da educação e do seu caráter transformador e libertador, isto não significa que o seu pensamento e as suas propostas não apre-

---

5. De fato, parecem-me essenciais as advertências feitas por estes autores. Peter McLaren (ibid., p. 13) conclui que "é importante ler Freire no contexto de todo o conjunto de suas obras, da *Pedagogia do oprimido* a *Pedagogia da esperança*", e Henry Giroux (ibid.) chama a atenção para o fato de "como uma política de localização opera no interesse de privilégios e poder para cruzar fronteiras culturais, políticas e textuais de forma a negar a especificidade do outro e reimpor o discurso e prática da hegemonia colonial". Sobre a questão mais geral da aplicabilidade das propostas de Paulo Freire a distintos contextos sociais veja-se, entre outros, o interessante trabalho de Mayo (1993).

sentem elevado interesse para uma sociologia das organizações educativas e para as perspectivas críticas da administração educacional.[6]

Pelo contrário, e desde logo porque aquela recusa pressupõe alternativas para pensar e falar de administração educacional, os seus trabalhos representam um desafio; não apenas em termos de uma leitura em extensão e por cruzamento e articulação de referências sobre a matéria (de que apenas conseguirei um primeiro esboço), mas sobretudo em termos de uma leitura compreensiva, de uma interpretação solidamente ancorada no seu pensamento, que confira sentido a tantos elementos dispersos e seja capaz de resistir à tentação de meramente os associar, como se se tratasse de reconstituir um *puzzle* ou de redigir *a posteriori* uma narrativa feita apenas de episódios que falariam por si.

Mas, nesse caso, não creio sequer que uma recolha cirúrgica de pequenos fragmentos de tipo organizacional e administrativo se justificasse,[7] para posterior tratamento e articulação, porventura através de um exercício de sobreinterpretação. O meu ponto de partida será relativamente inverso, embora sem desprezar a busca de interseções e de intertextualidades significativas, inerente a uma *démarche* interpretativa: a obra de Paulo Freire contém, no seu conjunto (e, pode-se afirmar, desde os seus primeiros trabalhos), suficientes e expressivas considerações de forma a permitir identificar e caracterizar elementos estruturantes, de caráter organizacional e administrativo, das suas

---

6. De fato, as referências a Freire são internacionalmente constatáveis em muitas obras que adotam estes registros. Meramente a título de exemplo cf. Evers & Lakomski (1991), Smyth (1993) e particularmente French & Grey (1996). Mesmo em trabalhos fora do âmbito das ciências da educação podemos igualmente encontrar a sua presença (cf., por exemplo, Morgan, 1986; Hassard & Parker, 1993; Alvesson & Willmott, 1996).

7. No caso da categoria "gestão democrática" da educação, por exemplo, pude concluir na redação do respetivo verbete para o *Dicionário Paulo Freire* (organizado por Danilo Streck, Euclides Redin e Jaime Zitkoski) que a problemática se revela central na obra de Freire mas que, inversamente, a expressão é pouco utilizada: "Em Freire, o problema da gestão democrática da educação é de ordem político-administrativa e pedagógica, e não uma questão técnico-gerencial, razão pela qual a simples busca da expressão *gestão democrática* em seus escritos, de forma cirúrgica, se revela um procedimento metodológico impróprio e, de resto, frustrante" (Lima, 2010, p. 195).

concepções e propostas político-pedagógicas. O contrário é que seria, certamente, pouco plausível para quem conheça o percurso, os escritos e a ação daquele que defendeu a *reinvenção do mundo* e, designadamente, a *mudança da cara da escola*. Para ele, processo e conteúdo, pedagogia e organização, não são insularizáveis.[8] A sua defesa de uma educação libertadora e emancipatória, através da qual os educandos se *conscientizam* e se transformam em agentes ativos de mudança do mundo e de suas estruturas de dominação, é bem reveladora disso mesmo e, tal como Jarvis (1991, p. 227)[9] chamou à atenção, constitui um contributo para o debate "estrutura-ação" em sociologia, designadamente por referência à *teoria da estruturação* proposta por Giddens (1989).

Um trabalho que toma como elemento central a crítica radical aos fenômenos de dominação não podia ignorar as dimensões organizacionais, pois essa crítica teria que revelar como a organização é aí instrumento essencial de perpetuação e de reprodução de um poder; e ao procurar combatê-lo, seria impossível não considerar a necessidade de construir novas formas de organização e distintos modos de gestão, substantivamente democráticos e autônomos, discutindo objetivos, lideranças, estratégias etc., abrindo-se a ações transformadoras.

Sendo verdade que é nas suas obras mais recentes, em que aborda mais insistentemente questões como a da autonomia, do profissionalismo docente, ou da gestão das escolas, que Freire discute mais siste-

---

8. Veja-se a este propósito o trabalho de Paula Allman (1994) e o paralelo que estabelece entre Gramsci e Freire, afirmando que ambos estavam profundamente conscientes das relações entre processo e conteúdo e da importância da sua unidade dialética (p. 145). Para uma síntese que compreende outras associações (políticas, teóricas e epistemológicas) entre Gramsci e Freire, cf. Morrow & Torres (1997, p. 250-6) e especialmente Mayo (1999) no que concerne à educação de adultos.

9. Nesse processo de libertação para a transformação do mundo, que de certa forma exige o seu anúncio, Jarvis reconhece a tradição profética da Igreja (não a missionária) no trabalho de Freire, aliada a uma perspectiva política revolucionária, para o que já tinha chamado a atenção em trabalho anterior dedicado à questão (cf. Jarvis, 1987). Entre outros, também Cooper (1995) destaca a dimensão profética no pensamento de Freire, na tradição do Velho Testamento (p. 75-7) A esse propósito veja-se por exemplo o texto de Freire, escrito em 1971, "O papel educativo das Igrejas na América Latina" (Freire, 2001a, p. 123-48).

maticamente e com maior detalhe os problemas relativos à construção e governação democráticas da escola, pública e popular, sendo nele reconhecíveis preocupações inerentes à ação político-administrativa na cidade de São Paulo, bem como influências de outros autores e colaboradores e, certamente, do próprio programa político do Partido dos Trabalhadores (de que foi membro fundador) e das reivindicações da classe docente, datam de muito antes as suas primeiras observações sobre questões relativas à democratização da escola e, por exemplo, sobre a importância da participação dos pais e da comunidade.

Para Freire parece muito claro, desde as suas primeiras obras, que toda a ação político-pedagógica pressupõe suporte organizativo e, por sua vez, ação administrativa, tal como, por seu turno, não pode deixar de conceber a ação administrativa como ação política; política e administração são inseparáveis, ao passo que a organização (como unidade social-formal e como ação de organizar), não podendo ser neutra (tal como a educação), jamais poderá ser entendida como meramente instrumental. As suas críticas às concepções mecanicistas, racionalistas e burocráticas de organização e de administração não são apenas derivadas do seu pensamento político-pedagógico, mas são também resultantes da sua longa experiência de direção e de suas intervenções de tipo administrativo.[10] Como sempre, nele, as experiências de vida e sua *andarilhagem* pelo mundo transcendem o estatuto de detalhes ou de curiosidades biográficas para se encontrarem criticamente plasmadas em sua obra e fazer parte integrante das suas propostas.

---

10. Desde a direção da Divisão de Educação e Cultura e, mais tarde, a superintendência do SESI (Serviço Social da Indústria), a participação nos governos de Miguel Arraes (todas em Pernambuco), a direção do Departamento de Extensão Cultural da Universidade de Recife, a presidência da Comissão Nacional de Cultural Popular e a coordenação do Plano Nacional de Alfabetização de Adultos (ambas durante o governo de Goulart), até ao cargo de Secretário da Educação do Município de São Paulo, ou à direção do Vereda (Centro de Estudos em Educação), por exemplo.

2

Democracia radical e pedagogia democrática:
organização e participação como práticas da liberdade

Escrito no exílio, mas a partir *de dentro* do Brasil porque enraizado nas experiências socioeducativas ali vividas até ao golpe de Estado de 1964, *Educação como prática da liberdade* (Freire, 1967) reúne algumas das principais bases da teoria pedagógica freiriana. A partir delas, e da ação político-educativa que desenvolverá nas três décadas seguintes, Paulo Freire construiu uma obra original e sempre em atualização, em diálogo permanente com outros trabalhos, com a crítica, com os projetos e as ações que a cada momento levava a cabo. Em todo o caso, reuniu em poucos anos, na escrita, as fundações com as quais construiu e reconstruiu suas propostas, criticamente revisitadas em trabalhos posteriores, de que destacaria *Pedagogia da esperança: um reencontro com a pedagogia do oprimido*, de 1992, e *Cartas a Cristina*, de 1994 (cf. Freire, 1997a, 1994a).

De fato, entre finais da década de 1960 e princípios da década seguinte, publicou vários trabalhos de leitura obrigatória para a compreensão do seu pensamento e ação; para além de *Educação como prática da liberdade*, também *Extensão ou comunicação?* e, ainda, *Pedagogia do oprimido* (cf., respetivamente, Freire, 1967, 1975a, 1975b).

No importante estudo introdutório ao primeiro, Francisco Weffort (1967, p. 5) destaca a *liberdade* e a *participação livre e crítica dos educandos* como matriz atribuidora de sentido à prática educativa proposta por Freire. Uma proposta de pedagogia democrática, de educação *para* e *pela* democracia, através de práticas dialógicas e antiautoritárias e do exercício da participação, contra a passividade e para a decisão — "uma educação para a decisão, para a responsabilidade social e política" (Freire, 1967, p. 88).

Na esteira da teoria da democracia como participação (ou democracia participativa), a participação, a discussão e o diálogo são apontados como verdadeiros *métodos* da construção democrática. Mas, interroga o autor, "como aprender a discutir e a debater com uma educação que se impõe?" (ibid., p. 96). A crítica à educação tradicional e à escola autoritária é, assim, necessariamente vigorosa:

> Ditamos ideias. Não trocamos ideias. Discursamos aulas. Não debatemos ou discutimos temas. Trabalhamos sobre o educando. Não trabalhamos com ele. Impomos-lhe uma ordem a que ele não adere, mas se acomoda. Não lhe propiciamos meios para o pensar autêntico, porque recebendo as fórmulas que lhe damos, simplesmente as guarda. Não as incorpora porque a incorporação é o resultado de busca de algo que exige, de quem o tenta, esforço de recriação e de procura. Exige reinvenção (Freire, 1967, p. 96-7).

Não é possível transitar da "consciência ingênua" para o processo de "conscientização" e para o exercício da "consciência crítica" a não ser pela experiência da participação crítica e da "verdadeira participação".[1] Por essa razão Freire construirá, a partir daqui e ao longo de suas obras, uma teoria da participação democrática radical, criticando a não participação silenciosa e alienante e também as formas de

---

1. "Não há nada que mais contradiga e comprometa a emersão popular do que uma educação que não jogue o educando às experiências do debate e da análise dos problemas e que não lhe propicie condições de verdadeira participação" (Freire, 1967, p. 93).

participação passiva (cf. Lima, 1988, 1992), subordinada ou meramente instrumental. A participação de que fala é uma participação no processo de decisão, um ato de "ingerência", e não a atitude do espectador que se limita a assistir ou, de mais ou menos longe, a contemplar.

A sua pedagogia democrática tem por horizonte uma democracia radical, contra todas as formas de populismo e sectarismo, pelo ativismo crítico e militante através do qual se aprende, se vive e se cria a própria democracia, da escola à empresa, das associações à comunidade local, nessa *espécie de tumulto* e de *agitação incessante* da vida pública que já Alexis de Tocqueville (s.d., 93-4) havia observado e defendido. Trata-se de uma concepção de "democracia governante" (Burdeau, 1975), de cidadãos e não de súditos, não limitada à democratização do Estado e de suas instituições políticas centrais, mas referenciada à democratização da sociedade, que não decorre necessariamente da primeira (Bobbio, 1988, p. 73). Para tal é necessário *ganhar voz* e *responsabilidade social e política*:

> Participando. Ganhando cada vez maior ingerência nos destinos da escola de seu filho. Nos destinos do seu sindicato. De sua empresa, através de agremiações, de clubes, de conselhos. Ganhando ingerência na vida do seu bairro, de sua Igreja. Na vida de sua comunidade rural, pela participação atuante em associações, em clubes, em sociedades beneficentes (Freire, 1967, p. 92).

Ao propor uma aprendizagem da democracia através do seu exercício e da sua própria existência, "aprendendo democracia pela prática da participação", como reescreverá muito mais tarde (Freire, 1994a, p. 117),[2] rejeita as teorias elitistas da democracia e opõe-se a

---

2. Neste livro (*Cartas a Cristina*), esclarece ainda: "Ensinar democracia é possível. Para isto, contudo, é preciso testemunhá-la. Mais ainda, testemunhando-a, lutar para que ela seja vivida, posta em prática ao nível da sociedade global [...]. O ensino da democracia implica também o discurso sobre ela, não abstratamente feito, mas sobre ela ao ser ensaiada e experimentada" (Freire, 1994a, p. 193-4).

perspectivas formalistas e instrumentais, subordinadas à "liderança competitiva", à "organização oligárquica" e à "racionalidade burocrática", de autores como Schumpeter, Michels, ou mesmo Weber (cf. Lima, 1992, p. 89-104; Tragtenberg, 2006). Manifesta-se, de igual modo, contra uma democracia de tipo extensionista, pois como conclui em *Extensão ou comunicação?* (Freire, 1975a, p. 41) "a teoria implícita na ação de estender, na extensão, é uma teoria antidialógica. Como tal incompatível com uma autêntica educação". Congruentemente, critica os fenômenos de "invasão cultural", a ideia de "conquista", todo o *dirigismo* e *messianismo*, a propaganda e o *slogan*, a manipulação, elementos que considera típicos dos "caminhos de domesticação" e não de libertação (ibid., p. 43),[3] da modernização "de caráter puramente mecânico, tecnicista, manipulador" na qual "A estrutura que se transforma não é sujeito de sua transformação", e não do desenvolvimento em que "o ponto de decisão se encontra no ser que se transforma" (ibid., p. 57).

Não obstante a sua clareza de posições, é em *Pedagogia do oprimido* (Freire, 1975b) que encontro maior articulação e desenvolvimento de suas concepções democráticas radicais, por referência às dimensões organizacionais e administrativas a que aqui procuro conferir protagonismo analítico. A sua crítica à "educação bancária" (alienante e opressora), a partir de uma pedagogia da libertação, da participação e da discussão, da intersubjetividade, representa um dos mais violentos e eloquentes ataques à organização burocrática e à racionalidade técnico-instrumental em educação.

Ao adotar uma perspectiva radical — "sempre criadora, pela criticidade que a alimenta" (ibid., p. 32) —, Freire ganha distância crítica de todas as formas de dominação e de todas as posições sectárias, de direita e de esquerda, que considera igualmente reacionárias. A sectarização — "sempre castradora, pelo fanatismo de que se nutre"

---

3. Como afirma, "O invasor reduz os homens do espaço invadido a meros objetos de sua ação. As relações entre invasor e invadidos, que são relações autoritárias, situam seus polos em posições antagônicas" (Freire, 1975a, p. 42).

(ibid.) — é responsável por práticas de liderança orientadas para a conquista e para a criação de burocracias que "corroem a revolução" (ibid., p. 177), por fenômenos de dirigismo e de vanguardismo, pela insularização da concepção e da execução (ao estilo tayloriano), pelo populismo e pela manipulação, em tudo contrários às concepções de ação revolucionária e de educação emancipatória que propõe. Como afirmou a esse propósito,

> Precisamos estar convencidos de que o convencimento dos oprimidos de que devem lutar por sua libertação não é doação que lhes faça a liderança revolucionária, mas resultado de sua conscientização (Freire, 1975b, p. 74).

A organização oligárquica e as lideranças vanguardistas são, assim, incompatíveis com a organização libertadora e com as lideranças democráticas, colegiais e participativas:

> [...] a liderança tem, nos oprimidos, sujeitos também da ação libertária e, na realidade, a mediação da ação transformadora de ambos. Nesta teoria da ação, exatamente porque é revolucionária, não é possível falar nem em ator, no singular, nem apenas em atores, no plural, mas em atores em intersubjetividade, em intercomunicação (ibid., p. 179).[4]

Em termos de projeto educativo, uma organização e uma liderança pela libertação exigem comunhão e coconstrução, e não dicotomia do

---

4. E adiante (ibid., p. 183), ainda mais claramente, acrescenta: "a liderança não pode pensar *sem* as massas, nem *para* elas, mas *com* elas. Quem pode pensar *sem* as massas, sem que se possa dar ao luxo de não pensar *em torno delas*, são as elites dominadoras, para que, assim pensando, melhor as conheçam e, melhor conhecendo-as, melhor as dominem". Também na carta n. 3, no seu *Cartas à Guiné-Bissau* (Freire, 1978, p. 122), esclarece: "Uma coisa é a política feita, em todos os setores, por uma rígida burocracia, em nome das massas populares, a quem se transmitem palavras de ordem; outra coisa é a política feita com elas, com a sua participação criticamente consciente na reconstrução de sua sociedade, em que as palavras de ordem, necessárias, jamais, porém, se transformam em puros 'slogans'".

tipo "liderança de um lado; massas populares de outro" (ibid., p. 179); consoante esclarece:

> Educador e educandos, (liderança e massas) cointencionados à realidade, se encontram numa tarefa em que ambos são sujeitos no ato, não só de desvelá-la e, assim, criticamente conhecê-la, mas também no de recriar este conhecimento. Ao alcançarem, na reflexão e na ação em comum, este saber da realidade, se descobrem como seus refazedores permanentes (Freire, 1975b: 78)[5].

A sua concepção de organização (democrática, popular, dos grupos oprimidos) é uma concepção revolucionária (mas não leninista), cuja prática considera "indispensável à ação libertadora" (ibid., p. 198); é uma "organização verdadeira", isto é, "em que os indivíduos são sujeitos do ato de organizar-se" (ibid., p. 207), exigindo a liderança mas recusando o dirigismo, o vanguardismo e a reificação, implicando *autoridade sem autoritarismo, liberdade sem licenciosidade*. Como conclui:

> É verdade que, sem liderança, sem disciplina, sem ordem, sem decisão, sem objetivos, sem tarefas a cumprir e contas a prestar, não há organização e, sem esta, se dilui a ação revolucionária. Nada disso, contudo, justifica o manejo das massas populares, a sua "coisificação" (Freire, 1975b, p. 251).

Essa organização *como prática da liberdade*, simultaneamente processo de "aprendizado democrático" e resultado certamente capaz de "fortalecer as instituições democráticas" e de "melhorar a democracia" (Freire, 1994a, p. 18), correlaciona-se claramente com as suas propostas de alfabetização crítica (cf., entre outros, Giroux, 1983, p. 80-7). Segun-

---

5. Como chamei à atenção noutro lugar (cf. Lima, 1995a), esse princípio é reatualizado por Freire a propósito da *investigação-ação participativa* (ou "pesquisa participante"), propondo superar a dicotomia sujeito/objeto de investigação: "Na perspectiva libertadora em que me situo, pelo contrário, a pesquisa, como ato de conhecimento, tem como sujeitos cognoscentes, de um lado, os pesquisadores profissionais; de outro os grupos populares e, como objeto a ser desvelado, a realidade concreta" (Freire, 1981, p. 35).

do Freire (1997b, p. 11), "A leitura do mundo precede a leitura da palavra",[6] mas, posteriormente, a leitura da palavra não dispensa, antes exige, a leitura crítica e continuada do mundo, de forma a transformá-lo, também através da tomada da palavra,[7] pois "Mudar a linguagem faz parte do processo de mudar o mundo" (Freire, 1997a, p. 68). Por isso a organização democrática necessita de ser falada, vivida e afirmada na ação, tal como a democracia em geral:

> Ninguém vive plenamente a democracia nem tampouco a ajuda a crescer, primeiro, se é interditado no seu direito de falar, de ter voz, de fazer o seu discurso crítico; segundo, se não se engaja, de uma ou de outra forma, na briga em defesa deste direito, que, no fundo, é o direito também a atuar (Freire, 1997c, p. 88).

Esse direito à pronúncia do mundo envolve a organização como *locus* de produção de discursos, de regras, de orientações e ações, em direção à autonomia e à *substantividade democrática*; é por isso incompatível com atitudes dogmáticas e com práticas elitistas e autoritárias, mesmo de quem, na escola, no sindicato ou na comunidade, "julgando-se dono da verdade revolucionária, transforma as classes populares em mera incidência de suas palavras de ordem" (Freire, 1994b, p. 64), ao estilo tipicamente *bancário*, de *enchimento* da *consciência vazia* do outro a partir da pretensa consciência plena do militante dogmático (Freire, 1997a, p. 116). Basismo e elitismo incorrem, assim, nas mesmas estratégias discursivas e dogmáticas, de tipo mecaniscista e fatalista,

---

6. E por essa razão ganham especial conotação os versos de Chico César, em sua canção *Béradêro*: "no peito dos sem peito uma seta / e a cigana analfabeta / lendo a mão de paulo freire" (CD *Aos Vivos*).

7. Em diálogo com Donaldo Macedo e na sequência de uma questão colocada por ele, Freire chamará a atenção para a importância da tomada da palavra enquanto ato de discussão e de participação na decisão (mais do que de tomada do poder, de transformação do poder), afirmando: "Sua pergunta faz-me lembrar de meu sonho de uma sociedade diferente, na qual dizer a palavra seja um direito fundamental e não simplesmente um hábito, no qual dizer a palavra seja o direito de tornar-se partícipe da decisão de transformar o mundo" (Freire & Macedo, 1990, p. 36).

como de resto assinalou em "certa esquerda"[8] mas que, em geral, criticou em todas as atitudes sectárias que conduzem à organização oligárquica e dominadora, à não participação nas decisões e à não redistribuição do poder:

> O sectarismo não é crítica, não ama, não dialoga, não comunica, não faz comunicados. No processo histórico, os sectários comportam-se como inimigos; consideram-se donos da história. O sectarismo pretende conquistar o poder com as massas, mas estas depois não participam do poder. Para que haja revolução das massas é necessário que estas participem do poder (Freire, 1988, p. 38).

Suas críticas ao historicismo, à *lei de bronze da(s) oligarquia(s)*, ao poder de dominação das elites (tecnoestrutura ou militante sectário), à racionalidade técnico-burocrática e à administração autoritária, às visões reificadas de organização e às suas concepções mecanicistas e instrumentais, configuram uma abordagem que aproxima consideravelmente Paulo Freire (e em certos casos por antecipação) das teorias críticas das organizações — através da crítica às ideologias organizacionais, do relevo conferido à ação e às lutas políticas, à ação coletiva e comunicativa, às práticas reflexivas e emancipatórias (cf., entre outros, Alvesson & Willmott, 1996) —, e especificamente das perspectivas dialéticas de análise organizacional (cf. Benson, 1977), abrindo-se a possíveis diálogos, potencialmente profícuos e exploráveis no futuro, com certos modelos organizacionais analíticos de tipo político, e de tipo cultural e subjetivo, entre outros.[9]

---

8. Designadamente em *Cartas a Cristina*: "O erro da esquerda, ou de certa esquerda, que não é de hoje, mas hoje é injustificável e intolerável, é reativar o autoritarismo de que resulta seu des-gosto pela democracia, que lhe parece incompatível com o socialismo. O erro da esquerda é perder-se em discursos agressivos, dogmáticos, em análises e propostas mecanicistas; é perder-se numa compreensão fatalista da história, no fundo anti-histórica, em que o *futuro*, desproblematizado, vira inexorável" (Freire, 1994a, p. 113).

9. Com particular destaque para as linhas de trabalho que conferem centralidade ao estudo da ação humana, das relações de poder, da constituição da subjetividade e dos fenómenos de resistência nas organizações (cf. Clegg, 1994).

3

Democratização da escola, participação comunitária e cidadania crítica

As reflexões em torno da instituição escolar e as críticas à escola burocrática representam tópicos recorrentes que atravessam a obra de Paulo Freire, mesmo quando a sua atenção incidia sobre a educação comunitária e não escolar, e sobre dispositivos organizacionais alternativos (como os *centros* e os *círculos de cultura*, por exemplo). Adepto de uma democracia participativa, necessariamente social e cultural, que supõe a existência de "estruturas democratizantes e não estruturas inibidoras da presença participativa da sociedade civil no comando da *res*-pública" (Freire, 1996a, p. 310), a democratização da escola pública não poderia deixar de representar um elemento crucial,[1] tanto mais que ela "não é puro epifenômeno, resultado mecânico da transformação da sociedade global, mas fator também de mudança" (Freire, 1997a, p. 114). Nesse sentido, e ao serem assumidas como espaços de educação crítica, de participação e de cidadania democráticas, as escolas poderão contribuir para a criação e a revitalização da esfera pública democrática (Freire & Giroux, 1989, p. VIII, X) e, apesar das

---

1. Em *Pedagogia da esperança* afirma mesmo estar "convencido da importância" e da "urgência" da democratização da escola pública, "tão descurada pelos governos militares" no Brasil (Freire, 1997a, p. 23).

suas limitações, embora considerando, igualmente, as suas potencialidades[2], participar a seu modo na democratização da democracia, na construção da democracia como "prática" e não apenas como "método" (cf. Torres, 1994, p. 190).

Porém, a construção da escola democrática não é viável sem a prática de uma pedagogia indagativa, da pergunta, "em que se ensine e se aprenda com seriedade, mas em que a seriedade jamais vire sisudez [...] em que, ao se ensinarem necessariamente os conteúdos, se ensine também a pensar certo" (Freire, 1991, p. 24); sem uma "real participação da comunidade de pais e de representantes de movimentos populares na vida inteira das escolas" (ibid., p. 47-8); sem a participação e a voz dos educadores, tradicionalmente manietados "em nome de sua pouca competência com "pacotes" emprenhados por nossa sabedoria" (ibid., p. 29); sem, simultaneamente, liberdade e autoridade docentes democráticas, apoiadas na competência profissional dos professores (Freire, 1996b, p. 103);[3] sem poder de decidir, pois só decidindo se aprende a decidir e só pela decisão se alcança a autonomia (ibid., p. 119-20).[4]

Como se compreende, a democratização da escola não se constitui, apenas, como problema tipicamente escolar ou técnico-pedagógico. Se a *mudança da cara da escola* não pode, por definição, ser realizada *sem* (e muito menos *contra*) a escola, dispensando os atores escolares mais imediatamente centrais à ação pedagógica, fica claro que ela é igual-

---

2. Em *Pedagogia da autonomia*, seu último livro, conclui que "se a educação não pode tudo, alguma coisa fundamental a educação pode" (Freire, 1996b, p. 126).

3. A competência profissional dos professores não é algo que se obtenha apenas através de programas de formação profissional; envolve uma "alfabetização crítica", uma educação política e cívica dos próprios educadores, uma aprendizagem da democracia através do exercício de práticas democráticas. Esta *educação do educador* (a propósito da qual cita a terceira tese de Marx sobre Feuerbach) representa uma necessidade frequentemente esquecida dada a "dicotomização do ensino e da aprendizagem", típica da escola orientada para o controlo social (Freire, 1985, p. 105).

4. Ou ainda, como escreveu João Barroso (1996, p. 186), porque a autonomia "não preexiste à ação dos indivíduos".

mente inatingível exclusivamente a partir da sua iniciativa. Desde logo porque os interesses, as racionalidades em presença e as relações de poder entre atores estritamente escolares, não são redutíveis a uma agenda singular ou a planos de ação homogêneos e consensuais. Necessariamente plurais e, pelo menos parcialmente, contraditórios, os projetos pedagógicos com expressão em nível escolar são por natureza projetos político-educativos, ora refletindo, ora interrogando, valores e orientações políticas de mais vasto alcance e circulação na sociedade. Admiti-lo, contra visões atomizadas e despolitizadas de educação e de pedagogia, constitui, de resto, um primeiro passo indispensável à compreensão do caráter político da educação e à repolitização da organização escolar, frequentemente representada como aparelho técnico-racional, instrumental, desideologizado e politicamente neutro (isto é, *domesticado*).

Se, ao contrário, conscientes das dimensões políticas, cívicas e éticas que marcam indelevelmente as práticas pedagógicas, a interação na sala de aula, a gestão curricular e a programação didática, os modelos de avaliação, a organização do trabalho pedagógico, os modos de gestão escolar etc., os atores escolares mais dificilmente deixarão de se assumir como atores político-pedagógicos; e por essa via poderão mais facilmente abrir-se à reflexão, ao debate e à ação com outros atores (tradicionalmente representados como *externos* à escola), com outros saberes e poderes, cruzando-se com novos parceiros institucionais, com organizações comunitárias, movimentos sociais etc. Sem necessidade de denegarem o seu profissionalismo, de desprezarem os seus saberes pedagógicos especializados, ou de abrirem mão de suas lógicas e interesses socioeducativos, o que, pelo contrário, os poderia conduzir a lógicas meramente adaptativas ou de capitulação em face de projetos político-educativos inaceitáveis em termos democráticos; mas recusando entrincheirar-se em universos fechados, de tipo técnico-profissional, corporativo ou burocrático, a partir dos quais não é possível abrir a educação ao debate político com os não membros e os não especialistas, nem *descentrar* a escola e reconduzi-la aos debates sobre a democracia e o domínio público. Ora sem correr os riscos de se abrir à participação comunitária e ao exercício da cidadania crítica, tornando-se cada vez mais pública, a escola dificilmente encontrará aliados a partir de projetos e de posições não administrativamente subordinados, capazes de se envolverem na sua defesa, de se coligarem com os atores escolares e de amplificarem as suas vozes.

A construção da escola democrática constitui, assim, um projeto que não é sequer pensável sem a participação ativa de professores e de alunos, mas cuja realização pressupõe a participação democrática de outros setores e o exercício da cidadania crítica de outros atores, não sendo, portanto, obra que possa ser edificada sem ser em coconstrução. As estratégias de fechamento da organização escolar podem eventualmente tornar mais fácil a gestão dos conflitos internos e fazer diluir as tensões políticas (ou, pelo menos, evitar a sua publicitação, assim defendendo a reputação de uma escola *bem* organizada e a funcionar *sem* sobressaltos); embora, por essa via, subtraindo a escola ao espaço público, condenando-a a uma maior subordinação, ainda que singular, em face da centralização política e administrativa, prescindindo do seu potencial de intervenção social e cívica, e enfraquecendo as capacidades reivindicativas e negociais diante de um poder político resistente a formas de descentralização democrática, de autonomia e de transferência de poderes de decisão que reforcem os atores escolares e, especialmente, os professores.

Por tudo isto é claro, para Freire, que todos aqueles que intervêm na educação a partir de uma perspectiva crítica ficam, em congruência, obrigados "a engendrar, a estimular, a favorecer, na própria prática educativa, o exercício do direito à participação por parte de quem esteja direta ou indiretamente ligado ao que fazer educativo" (Freire, 1996a, p. 305). Trata-se de introduzir as regras do jogo democrático e o gosto pelas práticas democráticas e participativas, na escola:

É preciso e até urgente que a escola vá se tornando um espaço acolhedor e multiplicador de certos gostos democráticos como o de ouvir os outros, não por puro favor mas por dever, o de respeitá-los, o da tolerância, o do acatamento às decisões tomadas pela maioria a que não falte contudo o direito de quem diverge de exprimir sua contrariedade. O gosto da pergunta, da crítica, do debate. O gosto do respeito à coisa pública que entre nós vem sendo tratada como coisa privada, mas como coisa privada que se despreza (Freire, 1997c, p. 89).

A luta por uma escola pública e popular[5] implicará um processo de progressiva abertura e inserção comunitárias, mesmo de apropriação criativa da escola pela comunidade, por forma a transformá-la num "centro irradiador da cultura popular" e num "espaço de organização política das classes populares", lugar de associação da educação formal e da educação não formal "à disposição da comunidade, não para consumi-la, mas para recriá-la".[6] Mas a transformação da escola em "casa da comunidade" exige uma política de *devolução* democrática da escola à comunidade, através da descentralização e da autonomia, legitimadas por suas formas de governação democrática e de participação ativa na tomada de decisões. Não, definitivamente, a retirada do Estado e da Administração através da devolução de encargos, de medidas de desregulação e de privatização, abandonando a escola pública à sorte de um *mercado educacional* que, de resto, só muito dificilmente se interessará por intervenções (pouco lucrativas e sem *status* social) junto dos setores populares e dos *sem escolha* (Macedo, 1994, p. 165), assim transformados não apenas em

---

5. Que seja "eficaz, democrática e alegre com suas professoras e professores bem pagos, bem formados e permanentemente formando-se" (Freire, 1997c, p. 49) e, seguramente, "não aquela em que só o professor ensina, em que só o aluno aprende e o diretor é o mandante todo-poderoso" (ibid., p. 100).

6. Orientação expressa no primeiro documento publicado no *Diário Oficial* do Município de São Paulo (1 de fevereiro de 1989) durante a administração Paulo Freire, intitulado "Aos que Fazem a Educação Conosco em São Paulo" (cf. Gadotti & Torres, 1991, p. 16).

meros consumidores, mas sobretudo em consumidores meramente virtuais.[7]

A descentralização educativa, a autonomia da escola e a participação democrática adquirem, nas propostas de Freire, um sentido político e cívico incompatível com conotações gerencialistas e neocientíficas, com os conhecidos processos de ressemantização conservadora e pragmática em que descentralização e participação surgem associadas a técnicas de gestão eficazes com vista à racionalização e otimização dos sistemas educativos (Lima, 1994), e em que a autonomia (reduzida a dimensões técnicas, processuais e implementativas) é elogiada enquanto prática da diversidade de soluções e de formas de execução das medidas políticas centralmente decididas.[8] A governação democrática e participativa da escola, única e autônoma, integrada numa administração pública descentralizada (não uniforme nem hiper-regulamentadora), configura uma "escola cidadã", *uma só escola*

---

7. Criticando as reformas educativas neoliberais, e seu recurso às metáforas do mercado, do consumidor e da livre escolha, Michael Apple afirma que "tal como na vida real, há indivíduos que podem ir aos supermercados e escolher entre uma vasta gama de produtos semelhantes ou diferentes. E há aqueles que apenas podem pertencer àquilo que melhor se pode designar por consumo 'pós-moderno'. Ficam fora do supermercado e apenas podem consumir a sua imagem" (Apple, 1998, p. 31). Também Freire, há já mais de três décadas, havia criticado a *burocratização* dos professores e das suas práticas de ensinar, subordinadas à *transferência burocrática* do conhecimento, escrevendo: "A escola, não importa o seu nível, se transforma em 'mercado de saber'; o professor, num especialista sofisticado, que vende e distribui um 'conhecimento empacotado'; o aluno, no cliente que compra e 'come' este conhecimento" (Freire, 1978, p. 18). Observe-se, a este propósito, a semelhança com as críticas de Illich (1977, p. 78-9) ao currículo escolar e respectivo "mito dos valores empacotados" (ver, também, o estudo de Reis, 2011).

8. Essas questões são abordadas com clareza em vários documentos oficiais da Secretaria Municipal de Educação (SME) de São Paulo, logo a partir do início da administração de Paulo Freire. Em texto produzido em dezembro de 1989 pode ler-se: "O que significa 'participar' e 'descentralizar' numa administração popular? Os mesmos objetivos estão presentes no discurso de políticos cuja orientação é oposta à nossa. O que nos diferencia deles é o conteúdo que imprimimos a esses princípios e a nossa decisão de não permitir que eles fiquem apenas no terreno das intenções" e, mais adiante: "Para nós, descentralização e participação dizem respeito ao ato de decidir. O equívoco que mais frequentemente se comete em relação a essas questões é descentralizar a execução das tarefas e manter as decisões centralizadas" (SME, 1992c, p. 65-6).

que só sendo autônoma poderá vir a ser *uma escola para todos* (Gadotti, 1992, p. 54-7).

Compreende-se, assim, o protagonismo conferido às dimensões organizacionais e administrativas da educação, bem visível quer nas políticas educativas de signo modernizador e tecnocrático, quer nas de orientação democrática e emancipatória, seguramente por bem distintas razões (cf. Lima, 1994, e Lima & Afonso, 1995). O fato de as primeiras terem nos últimos anos redescoberto, apropriado e reconceitualizado muitas das ideias e palavras-chave antes associadas à defesa de uma organização e administração escolares democráticas, descentralizadas, participativas e autônomas (reconvertendo-as em técnicas de gestão), não justifica o desinteresse por vezes manifestado pelos defensores da escola democrática relativamente à discussão de matérias organizacionais e administrativas, assim lhes conferindo menor atenção ou associando-as, simplisticamente, a opções conservadoras, reforçando e não desconstruindo tais apropriações e, em boa parte, amputando-se da capacidade de intervir, na reflexão e na ação, pela busca de modelos organizacionais e de formas de governação de uma escola democrática que, certamente, perseguem.[9]

Pelo já exposto, não seria de esperar que também Freire incorresse naquele erro, em face da sua compreensão do caráter indissolúvel de política e administração e, ainda, tendo em vista as suas concepções de organização e participação como práticas de liberdade. E, na verdade, ele não só se recusa a prescindir do recurso a conceitos de tipo organizacional e administrativo (mesmo a categorias já fortemente enviesadas em termos ideológicos), e à sua discussão e aprofundamento em termos

---

9. É muito oportuna, a esse propósito, a advertência de Almerindo Afonso (1995, p. 82): "Também em Portugal, a literatura gestionária, com origem dominantemente externa ao campo educacional, tem vindo a penetrar no universo das práticas e dos discursos e a preencher os espaços vazios que alguns de nós, mesmo sem o desejarmos, vamos deixando entregues à linguagem das técnicas e à sedução dos novos arautos que anunciam a despolitização da escola e da educação. Nada melhor para reforçar a sacralização das técnicas de gestão do que essa fuga a tomá-las como objeto sociológico".

democráticos e de cidadania crítica, como se revela coerente (e corajoso), fiel a um quadro de referência solidamente inscrito em valores democráticos e éticos que conferem sentido próprio, e genuino, à sua defesa da descentralização, da autonomia e da necessidade de democratizar a administração de forma a construir a escola democrática:

> Como, por exemplo, esperar de uma administração de manifesta opção elitista, autoritária, que considere, na sua política educacional, a autonomia das escolas? Em nome da chamada pós-modernidade liberal? Que considere a participação real dos e das que fazem a escola, dos zeladores e cozinheiras às diretoras, passando pelos alunos, pelas famílias e até pelos vizinhos da escola, na medida em que esta vá se tornando uma casa da comunidade? Como esperar de uma administração autoritária, numa secretaria qualquer, que governe através de colegiados, experimentando os sabores e os dissabores da aventura democrática?" (Freire, 1997c, p. 18).

A escola não é democratizável simplesmente pela democratização das suas estruturas organizacionais e de gestão, nem apenas através da eleição de diretores ou outros responsáveis;[10] o acesso e o sucesso escolar dos alunos, a pedagogia, o currículo e a avaliação, a *organização do trabalho na escola*, numa *escola pública como local de trabalho*,[11] as suas formas de intervenção cívica e sociocultural com a comunidade, representam, entre outros, elementos de que depende, também, essa democratização.[12] Mas tais elementos, por sua vez, representam traços

---

10. Sobre a questão, complexa e polêmica, da eleição dos diretores escolares no Brasil, destaco a investigação conduzida por Vítor Paro (1996) e também os seus trabalhos sobre a participação na gestão democrática da escola pública (Paro, 1995, 1997).

11. Paráfrase de dois importantes trabalhos de autores brasileiros (cf., respectivamente, Gadotti, 1993, e Silva Júnior, 1990).

12. Em plenário realizado a 22 de abril de 1989, na Zona Leste de São Paulo, Freire chamará ainda a atenção para a importância da mudança do currículo: "A mudança da cara da escola passa pela mudança da vida diária da escola, passa pela organização e reorganização do currículo da escola, trabalhando intensamente com a colaboração de muita gente competente e ouvindo pais, mães, professores, alunos… Mudar a cara da escola significa enfrentar imediatamente

essenciais de uma governação democrática da escola, dificilmente atingíveis numa administração supraorganizacional centralizada e autocrática, que não se comprometa com a autonomia da escola, enquanto *locus* de definição de políticas. A democratização da administração, nos seus diferentes níveis, não é somente um fator facilitador, ou instrumental, em face da construção de uma escola democrática e autônoma; é também um valor em si mesmo, que só pela sua afirmação e atualização continuadas pode permitir e reforçar a democratização das estruturas e dos modos de gestão escolares. Aceitando assim, e considerando legítimas, a discussão e a negociação, interesses e projetos, tensões e conflitos, entre a organização escolar em seu contexto local e comunitário e os distintos níveis político-administrativos que configuram o sistema educativo.

Não se trata, portanto, de estabelecer prioridades bem definidas ou de considerar que a democratização da organização escolar só será viável após a prévia democratização da administração do sistema educativo. De fato, uma e outra encontram-se implicadas, mas é possível, a dado momento, registrar maiores avanços numa do que noutra e aceitar que a iniciativa de uma pode influenciar e facilitar positivamente a mudança da outra. Não é, porém, possível admitir uma desarticulação total e uma desconexão permanente entre ambas, conceber uma organização escolar democrática e autônoma no contexto de uma administração centralizada e autoritária ou, ao invés, reconhecer a existência de uma administração democrática, participativa e descentralizada de um sistema educativo composto por unidades escolares de organização e gestão não democráticas.

A complexidade das relações entre centro(s) e periferia(s) da administração escolar é ainda mais visível a partir do momento em que as forças políticas, defendendo políticas orientadas no sentido de

---

o elitismo da escola para substituí-lo por uma democracia escolar. Queremos uma escola popular no sentido rigoroso dessa palavra, o que não significa que essa escola vai ser inimiga dos meninos que comem bem e sonham" (in SME, 1992d, p. 41).

conferir centralidade político-pedagógica às escolas (tradicionalmente consideradas unidades periféricas), assumem o poder na administração central, regional, ou local. A partir dessa posição, e desse projeto de política educativa, não é já possível, em congruência, deixar de *começar pelo começo*, isto é, recusar ou sequer adiar a mudança do aparelho político-administrativo em termos democráticos, descentralizadores e autonômicos. Paulo Freire compreendeu-o, com grande lucidez, logo que assumiu o cargo de Secretário Municipal da Educação de São Paulo (questão que abordarei na próxima rubrica), tendo mais tarde reconhecido:

> Quando fui Secretário de Educação da cidade de São Paulo, obviamente comprometido em fazer uma administração que, em coerência com o nosso sonho político, com a nossa utopia, levasse a sério, como devia ser, a questão da participação popular nos destinos da escola, tivemos, meus companheiros de equipe e eu, de começar pelo começo mesmo. Quer dizer, começamos por fazer uma reforma administrativa para que a Secretaria de Educação trabalhasse de forma diferente. Era impossível fazer uma administração democrática, em favor da autonomia da escola que, sendo pública fosse também popular, com estruturas administrativas que só viabilizavam o poder autoritário e hierarquizado (Freire, 1996a, p. 309).

E, no entanto, pode vir a descobrir-se quão difícil se torna a realização de tal projeto, bem como a situação relativamente paradoxal vivida por aqueles que o lideram. Difícil porque a antiga política e a antiga administração se encontravam articuladas em áreas e aspectos decisivos, não sendo fácil mudar estruturas organizacionais, remover ou tentar reconverter altos funcionários de carreira, afastar o poder enquistado, e resistente, da burocracia; nem é fácil substituir uma estrutura administrativa por outra, ou reformá-la, e muito menos garantir que a segunda não venha, bem cedo, a recuperar os padrões burocráticos da primeira, weberianamente *universais*, não só em termos de racionalidade técnica mas, sobretudo, em termos de concentração do poder a partir da ação administrativa e gestionária, por essa via impedindo a participação:

> As estruturas pesadas, de poder centralizado, em que soluções que precisam de celeridade, se arrastam de setor a setor, à espera de um parecer aqui, de outro acolá, se identificam e servem a administrações autoritárias, elitistas e, sobretudo, tradicionais, de gosto colonial. Sem a transformação de estruturas assim que terminam por nos perfilar à sua maneira, não há como pensar em participação popular ou comunitária (Freire, 1996a, p. 310).

Pelo contrário, Freire entendeu que a participação comunitária, e a participação de professores, alunos e pais, na escola pública, exige "estruturas leves, disponíveis à mudança, descentralizadas, que viabilizem, com rapidez e eficiência, a ação governamental" (ibid.), sem o que uma boa parte dos projetos político-pedagógicos será impossível de concretizar:

> É claro que não é fácil. Há obstáculos de toda ordem retardando a ação transformadora. O amontoado de papéis tomando o nosso tempo, os mecanismos administrativos emperrando a marcha dos projetos, os prazos para isto, para aquilo, um deus-nos-acuda. De fato, a burocracia que está aí prejudica até mesmo as classes dominantes, mas, afinal, enquanto dominantes, terminam por ajustar a máquina burocrática a seus interesses. O difícil é pôr esta burocracia a serviço dos sonhos progressistas de um governo popular e não populista (Freire, 1991, p. 74-5).

Mas este projeto político é também paradoxal, numa lógica tradicional de conquista e de posterior uso do poder, tanto mais quanto os novos governantes se mantenham firmemente comprometidos com a prática dos valores da participação democrática, da descentralização e da autonomia, que antes integravam emblematicamente suas propostas e projetos eleitorais. É que logo compreenderão que *conquistaram* um poder que, para se afirmar como democrático, de acordo com suas premissas, terá de ser redistribuído e partilhado, em parte devolvido e transferido,[13] assim os deixando menos poderosos. Ficarão, então, mais dependentes do diálogo, da discussão e da negociação, por vezes forçados a dispender mais tempo e a consumir maiores energias, sujeitos a decisões satisfatórias mas não consideradas ideais, obrigados a compromissos em face de projetos que consideram essenciais e a ações que entendem prioritárias e indispensáveis.[14] Tudo porque, afinal, as práticas democráticas envolvem riscos, as mudanças sociais não são simplesmente ditadas por um quadro absoluto e superior de racionalidade, política e técnica, porque governar *com* outros é mais difícil do que governar *sobre* outros, porque, em suma, proceder a transformações democráticas e participativas a partir de decisões autoritárias, não partilhadas mas impostas, representa uma contradição fatal para o governo democrático e o exercício da cidadania.

As práticas iluministas e vanguardistas dos líderes democráticos e o centralismo das elites democráticas, a favor de suas superiores concepções de democracia, tal como Paulo Freire bem esclareceu, redundam em práticas antidemocráticas e autoritárias. É de fato impos-

---

13. Conforme escreveu mais tarde, testemunhando a sua experiência na Secretaria Municipal, "Era preciso [...] democratizar o poder, reconhecer o direito de voz aos alunos, às professoras, diminuir o poder pessoal das diretoras, criar instâncias novas de poder como os Conselhos de Escola, deliberativos e não apenas consultivos e através dos quais, num primeiro momento, pais e mães ganhassem ingerência nos destinos da escola de seus filhos; num segundo, esperamos, é a própria comunidade local que, tendo a escola como algo de seu, se faz igualmente presente na condução da política educacional da escola" (Freire, 1996a, p. 309-10). Por essa razão viria a concluir: "Devo ter sido o Secretário de Educação da cidade de São Paulo que menos poder pessoal teve mas pude, por isso mesmo, trabalhar eficazmente e decidir com os outros" (ibid., p. 310).

14. A este propósito concluía Freire em julho de 1991: "A grande questão ao avaliarmos nossas ações é que não se faz o que se quer, mas o que se pode. Uma das condições fundamentais é tornar possível o que parece impossível. A gente tem que lutar para tornar possível o que ainda não é possível. Isto faz parte da tarefa histórica de redesenhar e reconstruir o mundo" (cf. SME, 1992a, p. 3).

sível democratizar a escola autoritariamente, à força ou através de golpes legislativos; descentralizar a administração escolar apenas a partir de decisões centralizadas, doar a autonomia às escolas, ou condená-las a uma autonomia que os atores escolares desprezam ou se recusam a assumir. A educação *para* e *pela* cidadania democrática não é algo que possa ser restringido à escola, aos atores escolares, ou somente aos alunos, curricularizável e avaliável ao estilo escolar mais convencional. Trata-se de "uma invenção social que exige um saber político gestando-se na prática de por ela lutar a que se junta a prática de sobre ela refletir" (Freire, 1994a, p. 146) e, portanto, é algo que não se adquire nem *chega por acaso*:

> [...] é uma construção que, jamais terminada, demanda briga por ela. Demanda engajamento, clareza política, coerência, decisão. Por isso mesmo é que uma educação democrática não se pode realizar à parte de uma educação da cidadania e para ela (Freire, 1997c, p. 119).

4

Política educativa, organização escolar e descentralização

Na sequência da vitória eleitoral de 15 de novembro de 1988, o PT (Partido dos Trabalhadores) passou a governar o município de São Paulo, uma metrópole com cerca de 12 milhões de habitantes e com 18 milhões na chamada *Grande São Paulo*, onde a administração era responsável por uma educação municipal[1] que, coincidindo genericamente com a educação/ensino básico, comportava cerca de 700 escolas, mais de 700 mil alunos (dos 4 aos 14 anos) e quase 40 mil funcionários.[2]

---

1. Recorde-se que, para além dos municípios, o sistema político-administrativo brasileiro contempla ainda os governos/administrações em nível estadual (com suas respectivas Constituições Estaduais), um distrito federal e o governo da União (dotada de uma Constituição Federal em função da qual são aprovadas as Constituições Estaduais). Existe uma lei de âmbito nacional para a educação ("Lei de Diretrizes e Bases da Educação Nacional"), um Plano Nacional de Educação e ainda Planos Estaduais e Planos Municipais, aprovados pelos respectivos Conselhos Estaduais e Municipais de Educação. Para esclarecimento desta matéria veja-se Oliveira & Catani, 1993.

2. Veja-se, a esse propósito, Gadotti & Torres, 1991, e também Torres, 1994. Para aceder a uma caracterização da situação educativa encontrada por Paulo Freire na Secretaria Municipal e ao balanço geral de sua administração servi-me, sobretudo, dos relatórios publicados pela Secretaria Municipal de Educação (SME, 1992a; 1992b) e de várias entrevistas que concedeu (cf. Freire, 1991).

Membro fundador do PT (criado em 1980 na sequência de uma greve de metalúrgicos no estado de São Paulo e liderado por Luís Inácio Lula da Silva) e também presidente da organização do partido para a educação (Fundação Wilson Pinheiro), Paulo Freire viria a ser nomeado Secretário da Educação do Município de São Paulo em janeiro de 1989, aceitando o convite da nova prefeita eleita, Luiza Erundina de Sousa, cargo que ocupou até 27 de maio de 1991, data a partir da qual regressou às suas atividades acadêmicas[3] e foi substituído pelo seu chefe de gabinete, Mário Sérgio Cortella (também professor, como Freire, na Pontifícia Universidade Católica de São Paulo).[4]

Por muitos considerada natural, a escolha de Freire para esse cargo (que o próprio considerou de aceitação irrecusável),[5] representou um enorme desafio, conduzindo-o a uma posição de investimento do seu tempo, da sua saúde e da sua reputação, à frente dos destinos educativos de uma das maiores cidades do mundo, num contexto profundamente marcado por orientações e práticas contrárias ao seu projeto (e ao programa do PT), seja a partir de sobredeterminações internacionais (com destaque para as políticas do Banco Mundial), seja também por força das políticas federais e estaduais, e ainda por uma

---

3. No discurso de despedida, afirmou: "Não estou, rigorosamente, saindo da Secretaria Municipal de Educação ou mesmo deixando a companhia de vocês. Nem tampouco renegando opções políticas e ideológicas antigas, anteriores mesmo à criação do PT [...]. Mesmo sem ser mais secretário, continuarei junto de vocês, de outra forma. Vou ficar mais livre para assumir outro tipo de presença. Não estou deixando a luta, mas mudando, simplesmente, de frente. A briga continua a mesma. Onde quer que esteja estarei me empenhando, como vocês, em favor da escola pública, popular e democrática" (cf. "Manifesto à maneira de quem, saindo, fica", in Freire, 1991, p. 143-4).

4. Também chegou a ser seu chefe de gabinete, e depois assessor especial, Moacir Gadotti, professor do Departamento de Administração Escolar e Economia da Educação da Faculdade de Educação da Universidade de São Paulo, e presidente do Instituto Paulo Freire. Ver, a propósito, as suas reflexões em Gadotti (2001, p. 59-68).

5. "[...] se não tivesse aceito o convite honroso que fez Erundina, teria, por uma questão de coerência, de retirar os meus livros de impressão, deixar de escrever e silenciar até a morte. E este era um preço muito alto. Aceitar o convite é ser coerente com tudo o que disse e fiz, era o único caminho que eu tinha" (Freire, 1991, p. 62). Cf. também "Dizer 'não' a este convite, seria negar-me", *in* Nogueira & Geraldi (1990, p. 9-16).

situação social tradicionalmente caracterizada por dinâmicas de dependência, de corrupção e de poder autocrático, em que as *forças da domesticação* fazem sentir fortemente a sua presença (Mayo, 1993, p. 27). Também por essas razões, como pertinentemente observou Torres (1994, p. 183), ganharão particular visibilidade e intensidade os conflitos entre as funções reprodutivas do Estado e o próprio Estado enquanto arena de lutas por mais democracia, a que se deve acrescentar a própria configuração complexa e relativamente fragmentada do Estado em termos de seus aparelhos político-administrativos e a autonomia relativa, daquele e destes, dimensão compreensivelmente explorada por Freire, designadamente na sua política de estabelecimento de parcerias com movimentos sociais, setores populares e comunitários e organizações não governamentais.

Inevitavelmente transportando consigo uma concepção de *educação como prática da liberdade*, forjada em tantos anos de reflexão e ação, e procurando a partir da Secretaria Municipal de Educação (SME) conceber e realizar uma política caracterizada pela busca de uma *prática dialógica* (SME, 1989, p. 42), Freire rever-se-á mais na condição de um militante na Secretaria (*apenas com uma parcela de poder*), do que no papel convencional (e todo-poderoso) de um Secretário de Educação,[6] afrontando a circunstância (no mínimo difícil) de se manter fiel às suas concepções político-educativas, agora a partir de uma posição de poder. Um poder que entende dever ser assumido e exercido, desde logo, no sentido de tornar possível a sua distribuição e partilha democráticas, subordinado a uma postura de "rigorosidade ética",

---

6. Como recordou em entrevista publicada no jornal português *Público*, "Nunca me senti um secretário quando me sentei no gabinete. Eu sempre me senti um militante contra as opressões do mundo. Militante que chegou a um posto que era o de secretário, portanto com uma parcela de poder. Uma parcela apenas, não é? Muita gente pensa que se torna alguém poderoso quando chega à secretaria. Se ao entrar na secretaria me tivesse vestido de secretário municipal da Educação, possivelmente teria anestesiado um pouco em mim o ímpeto necessário e indispensável a quem quer mudar o mundo. Isso preparou-me para assumir diferentemente as responsabilidades burocráticas do cargo" (Freire, 1997d, p. 36).

mas não ao serviço de uma política educativa pretensamente neutra, friamente burocrática ou, sequer, imparcial.[7] E isso será imediatamente visível a partir do momento em que decide conferir prioridade política à democratização da escola pública e popular,[8] por forma a que esta possa servir os interesses da maioria e ser transformada num "espaço de organização política das classes populares" (SME, 1989, p. 42), combatendo o elitismo, o autoritarismo e o clientelismo (Freire, 1991, p. 86), assegurando a participação popular na vida da escola e desbloqueando a entrada dos pais e da comunidade (ibid., p. 53 e 96). Por isso as suas "primeiras providências", logo no início de 1989, foram no sentido da reorganização política e administrativa da Secretaria Municipal, de forma a

> [...] garantir a implementação de uma concepção ampliada da Educação, que reflita o que queremos em termos de formação do aluno e conscientização da comunidade para o exercício da cidadania, sua prática cultural e elaboração de modelos alternativos de sociedade (SME, 1992c, p. 34).

Tendo iniciado "mudanças drásticas" na educação municipal (Torres, 1994, p. 184), conferiu atenção particular à gestão democrática das escolas, à reforma do currículo e à alfabetização de jovens e adultos, e parece inegável que, ao procurar colocar a escola pública e popular no centro das políticas educativas, a gestão democrática, da secretaria e das escolas, adquiriu grande protagonismo. Como se afirma em texto produzido em dezembro de 1989,

---

7. Pois como reconhece em *Pedagogia da autonomia*, "Em tempo algum pude ser um observador 'acinzentadamente' imparcial, o que, porém, jamais me afastou de uma posição rigorosamente ética" (Freire, 1996b, p. 15).

8. "A escola pública não anda bem, não porque faça parte de sua natureza não andar bem, como muita gente gostaria que fosse e insinua que é. A escola pública não anda bem, repitamos, por causa do descaso que as classes dominantes neste país têm por tudo o que cheira a povo" (Freire, 1991, p. 51).

A política da Secretaria Municipal de Educação visa a construir uma escola pública e popular, que garanta o acesso, a permanência, a terminalidade e a boa qualidade, através da gestão democrática. A escola que desejamos não deve restringir-se ao trabalho pedagógico institucional, mas deve ser também mobilizadora da sociedade, espaço da formação política e cultural, transformadora e construtora do conhecimento (SME, 1992c, p. 64).[9]

Considerada um "eixo norteador das políticas educacionais", a democratização da gestão preconizada pela SME não se reduzia à introdução de mudanças morfológicas nas escolas, mas implicava uma nova concepção da sua governação, necessariamente partilhada entre a SME e as próprias escolas em seu entorno comunitário, partindo da "premissa de que cabe ao cidadão decidir os rumos daquilo que é público" (SME, 1992c, p. 2).[10] Ora a definição coletiva e participativa da política educativa da cidade exigia medidas concretas de democratização do poder educativo e pedagógico, objetivo que Freire considerou prioritário,[11] consciente dos limites inerentes às vontades e lideranças individuais dos governantes:

---

9. Insistindo na utopia realizável, no sonho de uma educação voltada para a formação integral e não subjugada ao mero treino. Como afirmou no Seminário Internacional sobre *O Simbólico e o Diabólico*, realizado em 1996 por ocasião das comemorações dos 50 anos da Pontifícia Universidade Católica de São Paulo (onde lecionou durante 18 anos), "É preciso sublinhar que a utopia, que o sonho não morreu [...]. Mas hoje, diabolicamente, há uma ideologia voando e sobrevoando o mundo, num discurso pós-moderno que insiste em dizer que a utopia morreu, que insiste em dizer que o sonho na educação sumiu e que a tarefa do educador ou da educadora, hoje, termina exatamente no treino, veja bem, no treino e não na formação" (Freire, 1997e, s.p.). Esta intervenção foi posteriormente reunida por Ana Maria Araújo Freire no livro *Pedagogia da tolerância* (Freire, 2005, p. 271-4).

10. Este mesmo documento da SME esclarece ainda: "Esse direito, historicamente usurpado da maioria da população, exige um processo de construção, cujo sujeito principal deve ser a própria população, superando-se modelos demagógicos e populistas de participação".

11. Segundo Gadotti & Torres (1991, p. 14), "para que todos, alunos, funcionários, técnicos educativos, pais de família, se vinculem num planejamento autogestionado, aceitando as tensões e contradições sempre presentes em todo espaço participativo, porém, buscando uma substantividade democrática".

Mudar a cara da escola implica também ouvir meninos e meninas, sociedades de bairro, pais, mães, diretoras de escolas, delegados de ensino, professoras, supervisoras, comunidade científica, zeladores, merendeiras, etc. Não se muda a cara da escola por um ato de vontade do secretário (Freire, 1991, p. 35).

Mas até mesmo para que a própria vontade política dos responsáveis se possa exprimir, torna-se indispensável proceder à *transformação radical da máquina burocrática, da burocracia perversa que aniquila e emudece* (ibid., p. 34), de forma a criar condições favoráveis a uma governação colegial, à democratização da administração, à descentralização das decisões e à autonomia da escola. Assim credibilizando, também, a Administração, transformando-a numa *administração que respeita* todos e, desde logo, os professores,[12] empenhada na sua formação permanente, na criação de melhores condições de trabalho e na sua participação ativa e crítica:

> Em última análise, precisamos demonstrar que respeitamos as crianças, suas professoras, sua escola, seus pais, sua comunidade; que respeitamos a coisa pública, tratando-a com decência. Só assim podemos cobrar de todos o respeito também às carteiras escolares, às paredes da escola, às suas portas. Só assim podemos falar de princípios, de valores (ibid.).[13]

Descentralização, administração por colegiados e participação na tomada de decisões, serão os princípios subjacentes à concepção de

---

12. "A Administração precisa testemunhar ao corpo docente que o respeita, que não teme revelar seus limites a ele, corpo docente. A Administração precisa deixar claro que pode errar. Só não pode é mentir" (Freire, 1991, p. 25).

13. Note-se que a constante preocupação de Freire também com as condições materiais se deve ao fato de ter deparado com um parque escolar em adiantado estado de degradação, com mais de 50 escolas perigosas (tetos, pisos, instalações elétricas etc.), com 15 mil conjuntos de carteiras escolares destruídas e mesmo com várias escolas sem carteiras. Como concluíu: "É impossível pedir aos alunos de escolas tão maltratadas assim e não por culpa de suas diretoras, de suas professoras, de seus zeladores ou deles, que as zelem" (Freire, 1991, p. 23).

escola democrática, pública e popular, que Freire perseguirá, pondo termo a uma prática centralizadora (pois os níveis municipais e regionais também se podem entregar a práticas centralizadoras) que se caracterizava pela apresentação de *propostas prontas* (SME, 1992g, p. 5) ou de "pacotes impostos" que não davam "margem para que as escolas elaborassem sua programação de acordo com sua realidade" (SME, 1992a, p. 28). Sem diluir os projetos e as responsabilidades políticas da Administração, necessariamente garante da legalidade democrática, vigilante quanto ao respeito e promoção dos direitos de cidadania política, social e cultural, e obrigatoriamente sujeita à disponibilização dos recursos públicos necessários, a SME adotará uma política de descentralização (que não confundirá com desconcentração ou com desregulação), por referência a escolas progressivamente mais autônomas e decisoras dos seus rumos educativos, apoiadas e não abandonadas pela Administração, em parceria e não em posição de subordinação hierárquica,[14] pois só assim seria possível assegurar a participação da comunidade e reforçar as condições indispensáveis ao "exercício da cidadania e dos direitos civis e políticos no que se refere à definição dos rumos da cidade" (SME, 1992a, p. 153). Como claramente era afirmado em documento escrito em 1990,

> Três princípios básicos norteiam a política desta administração: participação, descentralização e autonomia. Na tradição política brasileira, participação tem significado apenas a discussão de problemas, sem acesso a decisões e, por descentralização, entende-se a execução de tarefas já decididas. A atual administração acredita que participação e descentralização implicam autonomia para que as escolas tomem decisões

---

14. Como é afirmado em documento da SME, publicado no *Diário Oficial* do Município em junho de 1989, "A escola terá autonomia para decidir os rumos que irá imprimir à sua prática e contará com as condições financeiras e orçamentárias indispensáveis à consecução destas decisões. As decisões da escola devem fundamentar-se numa visão de conjunto, para não resultar em fragmentação. Compete, portanto, à Administração Central alimentá-la com todas as informações disponíveis sobre a situação da rede" (cf. SME, 1992c, p. 40).

em conjunto com os órgãos centrais da Secretaria Municipal de Educação (cf. SME, 1992c, p. 11).

Mesmo a função de planejamento, tão celebrada em termos gerencialistas pela sua relevância estratégica e, sobretudo, pela sua complexidade técnica, será concebida em novos moldes, na forma de "planejamento ascendente" (de baixo para cima) e "autogestionado".[15] Se se pretende descentralizar as decisões, reforçar a escola enquanto centro de decisões político-pedagógicas, é a Administração que deve passar a estar ao serviço da escola, entendida como unidade nuclear "onde o 'diverso' se torna 'uno', e, ao mesmo tempo, onde o que é 'uno' se revela sob diversas formas" (SME, 1992c, p. 20). E, assim, a descentralização das decisões compreende naturalmente um planejamento descentralizado, envolvendo ativamente os órgãos de decisão e coordenação global de modo a assegurar a coerência das decisões e a evitar a pulverização do sistema:

> Nesta gestão, queremos descentralizar as decisões. Estas devem partir não do topo, nem de órgãos intermediários, mas da base do sistema, ou seja, das escolas, que é onde a totalidade do sistema educacional se manifesta. Se é até possível dividir artificialmente essa totalidade, separando, nos órgãos centrais e intermediários, a dimensão pedagógica, da organizativa, na escola isso é inviável. Ao compreendermos este fato, o termo "unidade" escolar adquire um significado mais profundo (texto de 1989, *in* SME, 1992c, p. 20).

Tal como o planejamento, concebido como ação de exercício da cidadania e de partilha do poder de decisão sobre a gestão da coisa pública, e não como reduto tecnocrático que marginaliza os não espe-

---

15. "Uma concepção de planejamento onde as políticas e ação do poder público se dão de cima para baixo, de forma centralizada, não pode servir a um governo que tem como preocupação a gestão do poder público num contexto de democracia participativa. Um governo em busca da participação popular como parceira na gestão da coisa pública precisa ter claro que o serviço público se constrói nas diferentes instâncias" (texto de 1990, in SME, 1992c, p. 12).

cialistas e se furta à discussão política, também a construção do currículo escolar mereceu prioridade, em termos semelhantes, logo a partir de 1989, através de um "Movimento de Reorientação Curricular e Formação Permanente dos Educadores" que buscava "a reconstrução do instrumento básico de organização da escola — o currículo — entendido numa perspectiva ampla, progressista e emancipadora".[16]

Tomando como concepção inspiradora uma escola que procura alcançar o estatuto de "centro de produção sistemática de conhecimento" (Freire, 1996b: 140), instância que participa na construção do currículo e na produção do saber, sem o que o conceito de autonomia da escola sai, de resto, fortemente amputado, Freire não hesitará quanto à necessidade de uma (re)construção curricular discutida e participada por atores escolares e setores sociais e comunitários, entendendo que essa opção

> [...] não significa negar a indispensável atuação dos especialistas. Significa apenas não deixá-los como "proprietários" exclusivos de um componente fundamental da prática educativa. Significa democratizar o poder da escolha sobre os conteúdos a que se estende, necessariamente, o debate sobre a maneira mais democrática de tratá-los [...] (Freire, 1997a, p. 111).[17]

O reforço da autonomia, isto é, dos poderes de decidir legitimamente na escola, cuja centralidade político-administrativa-pedagógica passa a ser reconhecida, exigiu não só uma reforma da SME mas também uma mudança das estruturas escolares e dos seus modelos de

---

16. Palavras de Ana Maria Saul, coordenadora deste processo, para cujo testemunho se remete o leitor interessado em aprofundar as matérias relativas à "Construção do Currículo na Teoria e Prática de Paulo Freire" (cf. Saul, 1998, p. 151-65).

17. E, prosseguindo, observa ainda: "Além do que representa, em termos de aprendizagem democrática, uma tal ingerência nos destinos da escola, podemos ainda imaginar o que poderá a escola aprender com e o que poderá ensinar a cozinheiras, a zeladores, a vigias, a pais, a mães, na busca da necessária superação do 'saber de experiência feito' por um saber mais crítico, mais exato, a que têm direito" (ibid.).

organização e gestão, em direção a uma governação democrática que, por definição, seja legítima em termos de processos de decisão e de participação, interlocutor válido, respeitado, e democraticamente forte em termos de cooperação e de negociação com os poderes centrais, beneficiário ativo da descentralização de poderes, com capacidade de os administrar e de, democraticamente, prestar contas públicas de sua atuação. Ou seja, a realização da escola democrática não é possível sem uma organização e administração das escolas igualmente democrática, sem um poder escolar democrático e participativo, sem práticas de cidadania numa escola que se pretende constituir como *cidade*, em direção ao seu autogoverno.

A esse nível é notável a ação de Paulo Freire e de sua equipe (já para além do que este texto pode abarcar em termos de uma análise pormenorizada), pela tentativa de conferir expressão organizacional e administrativa às concepções educativas e democráticas a que fiz referência no início deste trabalho. Mas, de fato, sem essa expressão não é possível transitar dos princípios para a ação e para o universo das práticas socioeducativas. Com efeito, nas escolas Freire impulsionará a administração por colegiados, o trabalho coletivo, a representatividade e a participação dos atores escolares e da comunidade, a ampliação da autonomia da escola, a descentralização dos orçamentos, o adiantamento direto de verbas geridas pelas escolas, a autonomia pedagógica, a elaboração de projetos de escola e de planos escolares, entre outros aspectos. Mas enquanto elementos substantivos da governação democrática da escola, e não como apelos retóricos ou apenas na qualidade de procedimentos técnicos legitimados pelas boas regras constantes dos manuais de gestão eficaz e eficiente. E implicando todos os setores, desafiando em particular as formas tradicionais de organização do trabalho docente, pela defesa de uma organização pedagógica por ciclos e por equipes docentes (cf. SME, 1992f), pela promoção automática dos alunos dentro de cada ciclo de estudos, pela repartição do poder na escola, contra uma "visão hierarquizada" da sua administração (SME, 1992e).

A criação, em cada escola, de um "conselho de escola" deliberativo, representou uma das mais relevantes mudanças que introduziu na governação escolar. Na verdade, a figura do conselho de escola havia sido criada, mas nunca implementada, durante a administração de Guiomar Namo de Mello (ao tempo de Mário Covas como prefeito, 1983-1985), e mesmo suspensa durante o mandato seguinte do prefeito Jânio Quadros (antigo presidente do Brasil). Mas, agora, a ideia de uma "administração por colegiados" adquiria plena expressão em todos os níveis da administração: em nível central através dos colegiados centrais e do plano geral, em nível regional através do colegiado intermediário e do correspondente plano regional e, finalmente, em nível local pela ação dos conselhos de escola e respectivos planos escolares (cf. SME, 1992c, p. 35-8).

Entre 1989 e 1991, a SME procedeu ao levantamento de todos os conselhos de escola, à discussão de propostas com vista à reformulação do Regimento Comum das Escolas, à discussão e a iniciativas conducentes à formação de "grêmios estudantis" (associações de estudantes), à campanha para a eleição dos conselhos de escola, à discussão do Plano Escolar e à implantação de conselhos regionais de escola (cf. SME, 1992a, p. 32). Em 1992 havia já um total de 684 conselhos de escola em funcionamento e de 10 conselhos regionais, de acordo com as regras consagradas no *Regimento Comum das Escolas Municipais de São Paulo*. Neste regulamento, que definirá o objetivo da educação pública no município,[18] estabelece-se que:

> A gestão da Escola será desenvolvida de modo coletivo, sendo o Conselho de Escola a instância de elaboração, deliberação, acompanhamen-

---

18. Como sendo "a formação de uma consciência social crítica, solidária e democrática, onde o educando, inclusive o portador das necessidades especiais, vá gradativamente se percebendo como agente do processo de construção do conhecimento e de transformação das relações entre os homens em sociedade, através da ampliação e recriação de suas experiências e da sua articulação com o saber organizado e da relação da teoria com a prática [...]" (RCEMSP, Artigo 6º).

to e avaliação do planejamento e do funcionamento da Unidade Escolar (Artigo 8º),

e consagra-se a autonomia da escola,

> [...] para apresentar projetos pedagógicos que impliquem a reorganização do processo educativo, inclusive o quadro curricular mediante aprovação pelo Núcleo de Ação Educativa, garantindo-se a análise e discussão do projeto com a equipe proponente (Artigo 75º).

Órgão de constituição paritária, com igual número de representantes de educadores e de funcionários, por um lado, e de representantes de alunos e de pais, por outro, o conselho de escola é claramente definido como "responsável pela direção da Escola e pelas decisões que são tomadas" (SME, 1992a, p. 93), dotado de competências expressivas (que o afastam de versões minimalistas, meramente representativas e simbólicas) como é o caso da elaboração e aprovação do projeto pedagógico da escola, um instrumento político[19] considerado da maior importância em termos de autonomia escolar. Por isso mesmo, enquanto órgão de definição das políticas escolares, órgão máximo do governo da escola, onde são definidas as diretrizes que hão de ter expressão no projeto de escola e no plano escolar,[20] ele é fortemente participado por todos os setores interessados:

> A escola é um espaço da comunidade e uma de suas funções é a organização e formação da comunidade. Muitas vezes, é o único espaço públi-

---

19. Esta dimensão política é acentuada por Freire quando este afirma: "Todo projeto pedagógico é político e se acha molhado de ideologia. A questão a saber é a favor de quê e de quem, contra quê e contra quem se faz a política de que a educação jamais prescinde" (Freire, 1991, p. 95).

20. O qual deve conter, de acordo com o estipulado no Artigo 71º do Regimento Comum das Escolas, dados de análise da realidade escolar, metas e prioridades da ação educativa, propostas da escola quanto ao acesso dos alunos, projetos específicos da escola, formação permanente dos profissionais, formas de acompanhamento e avaliação da ação educativa, e cronograma geral.

co de uma região. O projeto da escola deverá, portanto, incluir a participação dos pais. A escola é um espaço de todos: alunos, educadores (professores, especialistas, funcionários) e pais. Todos deviam, portanto, participar na sua gestão (SME, 1992g, p. 23).

Desta forma, o poder de decisão sobre a escola é parcialmente devolvido à própria escola, assim passando a ser partilhado com a administração central (que neste caso coincide com o nível municipal), reconhecendo-se o direito, e o dever, de participação na tomada das decisões escolares, apostando-se "na autonomia da Escola para criar sua proposta pedagógica", para "compartilhar as decisões de política educacional", e para que a escola passe progressivamente a ser mais "sujeito de sua organização curricular e de sua prática pedagógica" (SME, 1992b, p. 10-5). O conselho de escola representa, assim, "a verdadeira instância de poder na criação de uma escola diferente" (Freire, 1991, p. 75), um órgão de governo, uma instância organizadora da própria escola, um centro de deliberações, isto é, constitui-se como um órgão de direção:

> Educadores, pais e alunos, através do Conselho de Escola, têm o direito e a responsabilidade de exercer a gestão, tomar as decisões, encaminhá-las e avaliá-las. O projeto pedagógico que vier a ser reafirmado ou definido numa escola onde a gestão é coletiva e colegiada, deverá portanto ser fruto do debate e do confronto das posições e interesses de todos. Assim, o Conselho de Escola, em cada escola, é o centro das deliberações (ibid., p. 18).

Assim definido, o conselho de escola é um órgão político que não se encontra envolvido na gestão quotidiana da escola (SME, 1992e, p. 2-3); enquanto instância deliberativa e coletiva, coexiste com a ação de outros responsáveis por cargos de gestão escolar, desde logo com o diretor (que de resto não pode demitir), figura que no estado de São

Paulo tem sido tradicionalmente designada através de concurso público,[21] cabendo-lhe executar as decisões do conselho.

A não eleição do diretor escolar representa, sem dúvida, um elemento menos congruente no quadro da arquitetura democrática traçada, embora por força da legislação que, de há muito, vigora, não sendo difícil imaginar como este pode opôr-se e diminuir a ação do conselho, fato que é criticamente observado por Vítor Paro (1996).[22] Deve contudo referir-se que Paulo Freire entendia que os diretores escolares, bem como outros detentores de cargos de gestão pedagógica, deviam ser eleitos pela comunidade educativa (professores e funcionários, alunos a partir dos 10 anos e pais), paritariamente em termos de votos, para mandatos com a duração de dois anos (e com o limite de dois mandatos consecutivos). Era o que constava da proposta apresentada para discussão pública em março de 1991 (*Estatuto do Magistério Municipal: Minuta do Anteprojeto de Lei*), que acabaria por ser rejeitado por professores e diretores. Conforme revelou em entrevista a Carlos Alberto Torres (cf. Torres, 1994, p. 203), Freire permaneceu convencido das vantagens democráticas da sua proposta, atribuindo a recusa desta ao conservadorismo e ao corporativismo ainda reinantes na educação brasileira.

De resto, algumas das medidas políticas que introduziu depararam com diversos obstáculos, embora no caso dos conselhos de escola (mesmo coexistindo com diretores designados por concurso público)

---

21. Sobre as "virtudes e fraquezas" deste concurso público veja-se Paro (1996, p. 19-26).

A este propósito, é muito interessante o processo conduzido por Freire aquando de um concurso público de provimento de lugares de funcionários não docentes, em 1989, procurando valorizar e dignificar as experiências anteriores dos candidatos através de um processo de seleção que, pela primeira vez, incluiu provas práticas, sob o lema "saber fazer vale mais" (cf. SME, 1991).

22. Paro (1996, p. 132) defende a substituição do diretor por um "coordenador geral de escola" eleito e integrado num órgão colegial (a que chama "conselho diretivo"), pois segundo ele "de pouco adianta, como tem mostrado a prática, um conselho de escola, por mais deliberativo que seja, se a função política de tal colegiado fica inteiramente prejudicada pela circunstância de que a autoridade máxima e absoluta dentro da escola é um diretor que em nada depende das hipotéticas deliberações desse conselho, e que tem claro que este não assumirá em seu lugar a responsabilidade pelo (mau) funcionamento da escola".

se deva reconhecer que boa parte do seu potencial democrático enquanto órgão deliberativo também fica dependente da política da administração central e das suas práticas de intervenção junto às escolas. Freire tinha plena consciência das dificuldades, tendo observado:

> Considerando nossas tradições autoritárias, era de se esperar que, em alguns casos, a autoridade hipertrofiada de algumas diretoras de escolas tentasse asfixiar o conselho no seu nascimento. Em outros casos, ao contrário, o conselho nascente poderia tentar a exacerbação de seu poder e procurar abafar o da diretora (Freire, 1991, p. 133).

Em todo o caso, reconhecia como muito positiva a mudança em curso,[23] a aprendizagem assim exigida de "como lidar com a tensão" por forma a chegar a "uma nova compreensão da democracia no espaço escolar" (ibid.).

Também a participação dos pais se revelou polêmica, conforme reconheceu:

> Não foram poucas [...] as resistências que enfrentamos por parte de Diretoras, de Coordenadoras Pedagógicas, de Professores, "hospedando" nelas a ideologia autoritária, colonial, elitista. Que isso? indagavam às vezes, entre surpresas e feridas, será que vamos ter que aturar palpites e críticas dessa gente ignorante, que nada sabe de Pedagogia? (Freire, 1996a, p. 311).

Procurando analisar e compreender criticamente aquelas reações, Paulo Freire não deixou de desocultar a presença de uma ideologia conservadora e antidemocrática:

> A ideologia, cuja morte foi proclamada mas continua bem viva, com seu poder de opacizar a realidade e de nos miopizar, as proibia de perceber

---

23. Tal como, não obstante o inventário das dificuldades, viria a ser admitido no *I Congresso Municipal de Educação* realizado em 1991 e, sobretudo, no *II Congresso*, onde são reconhecidos os avanços já registados (SME, 1992h).

que o saber "de experiência feito" dos pais, educadores primeiros, tinha muito a contribuir no sentido do crescimento da escola e que o saber das professoras poderia ajudar os pais para a melhor compreensão de problemas vividos em casa. Finalmente, o ranço autoritário não deixava pressentir, sequer, a importância para o desenvolvimento de nosso processo democrático do diálogo entre aqueles saberes e a presença popular na intimidade da escola (ibid.).[24]

Neste, como noutros casos, a sua fidelidade a um pensamento político-educativo em que a defesa de uma democracia radical e de uma pedagogia democrática e libertadora constituíam elementos nucleares, demonstrava-se um caminho muito exigente e repleto de obstáculos, quase fatalmente objeto de críticas, quer à direita, transformando-o numa "espécie de para-raios para todo o criticismo social de Direita desse período" (Apple, 1998, p. 24), quer à esquerda, "inclusive por parte de membros do seu partido" (Gadotti & Torres, 1991, p. 12-3), a ponto de ter sido alvo de violentos ataques pessoais publicados na imprensa paulista, que o chegaram a apelidar de "nazifascista" e de "Nicolae Ceausescu brasileiro" (cf. Torres, 1994, p. 210). Tal como, de resto, seria de esperar, à luz de suas próprias críticas a todas as posições sectárias e isto, não obstante a sua postura (de "rigorosidade ética"), a sua ação política inovadora e de raiz assumidamente democrática e emancipatória, cujo exemplo permanece e cujas repercussões ainda hoje são reconhecidas na cidade de São Paulo (cf. Torres, 1998, p. 51), o que naturalmente não a liberta de eventuais erros e omissões, dos riscos inerentes à ação política e educativa e, afinal, à própria existência humana, pois como observou em *Pedagogia da esperança*, "não é possível viver, muito menos existir, sem riscos. O fundamental é nos prepararmos para saber corrê-los bem" (Freire, 1997a, p. 79).

---

24. E, prosseguindo, afirma (ibid.): "É que, para os autoritários, a democracia se deteriora quando as classes populares estão ficando demasiado presentes nas escolas, nas ruas, nas praças públicas, denunciando a feiúra do mundo e anunciando um mundo mais bonito".

5

Da *politicidade* e *pedagogicidade* da organização escolar

Embora menos presentes, em termos sistemáticos e de aprofundamento, nas suas primeiras (e algumas das quais mais conhecidas) obras, as dimensões organizacionais e administrativas da educação, como vimos, encontram-se já ali ponderadas, sendo reconhecíveis a partir de concepções participativas de democracia política e de perspectivas problematizadoras e libertadoras de educação, o que de resto uma análise exaustiva dos seus trabalhos poderá certamente vir a realçar.

Curiosamente, um dos primeiros trabalhos que publicou, em 1961, incidia exatamente sobre administração universitária (cf. Freire, 1961), embora se trate de um texto pouco conhecido, e de fato ainda distante do seu estilo ensaístico e crítico, que de resto nunca encontrei referenciado no *corpus* bibliográfico que selecionei para este texto. Corresponde a um relatório sobre dezoito meses de *governo e ação administrativa* do reitor (professor João Alfredo Gonçalves da Costa Lima) da Universidade do Recife (atual Universidade Federal de Pernambuco), onde então lecionava. Para além de uma breve mas interessante introdução, onde procura caracterizar o clima político e social vivido no Brasil e em que é já visível a sua defesa da educação popular, da *conscienciali-zação* e da inserção comunitária e popular da Universidade, Freire descreve a ação do reitor e relata e documenta os avanços registrados na Universidade do Recife (em fase de grande desenvolvimento institucional), deixando embora claras as suas críticas à alienação e à *domesticação*, à "estrutura burocrática" e ao "centralismo asfixiante" que dominavam a sociedade brasileira (ibid., p. 25), afirmando-se adepto de iniciativas de autogoverno e destacando a sua dimensão política e "o aprendizado democrático" que delas resulta.[1]

Freire sempre rejeitou a neutralidade política e axiológica da educação,[2] impedindo-se, por essa via, de conceitualizações despolitizadas de organização e de administração e, simultaneamente, de concepções políticas e educativas privadas de suas dimensões organizacionais e administrativas, através das quais aquelas são afirmadas e continuamente reafirmadas na ação. Não ignora quanto, historicamente, os aparelhos organizativos têm servido projetos de dominação e se têm furtado à democracia e à cidadania, impondo-se como elementos in-

---

1. Realça, em particular, a autoorganização dos funcionários da Universidade do Recife em torno da criação e direção de uma Caixa de Crédito da Universidade, de forma a prestar-lhes assistência, superando embora perspectivas meramente *assistenciais* e *paternalistas* (Freire, 1961, p. 24-5). Recorde-se que, nesta fase, Freire estava muito envolvido, também a partir da Universidade do Recife e da coordenação do seu Serviço de Extensão Cultural (criado em 1962), no Movimento de Cultura Popular, politicamente liderado por Miguel Arraes. Para o estudo deste movimento político-educativo veja-se o trabalho de João Francisco de Souza (1987) e especialmente as suas análises em torno das lutas entre os projetos de *educação para a cidadania popular* e de *educação para o desenvolvimento e a modernização*. Ver, também, o depoimento de Paulo Rosas sobre cultura e participação no Recife entre 1950 e 1964 (Rosas, 2001). Para uma análise aprofundada das ideias de Freire e dos autores que mais o influenciaram até meados da década de 1960, especialmente através do Instituto Superior de Estudos Brasileiros (ISEB), são incontornáveis os estudos eruditos, complementares e, simultaneamente, evidenciando diferenças de interpretação, produzidos por Vanilda Pereira Paiva (1980) e por Celso de Rui Beisiegel (1992). Em termos mais gerais, para o estudo da vida e obra de Freire, revelam-se de grande interesse, reunindo testemunhos e acervos documentais muito ricos, a biobibliografia organizada por Moacir Gadotti (1996) e a biografia escrita por Ana Maria Araújo Freire (2006).

2. Em *A importância do ato de ler...*, escreve com grande clareza: "Na medida em que compreendemos a educação, de um lado, reproduzindo a ideologia dominante, mas, de outro, proporcionando, independentemente da intenção de quem tem o poder, a negação daquela ideologia (ou o seu desvelamento) pela confrontação entre ela e a realidade (como de fato está sendo e não como o discurso oficial diz que ela é), realidade vivida pelos educandos e pelos educadores, percebemos a inviabilidade de uma educação neutra" (Freire, 1997b, p. 25).

dispensáveis à produção e reprodução de poderes de extração autoritária. Mas não pode deixar de recusar o caráter imanente, natural e supra-histórico, da dominação organizacional, pois tal posição conduzi-lo-ia fatalmente à identificação de universais, de tipo organizacional, intrinsecamente antidemocráticos, a uma *lei de bronze* que fecharia as possibilidades históricas de mudança e que derrotaria, *a priori* e sem necessidade de luta, todas as tentativas de democratizar as organizações formais, ou seja, e por extensão, a sociedade moderna e a própria educação escolar. É por isso defensor de concepções democráticas e participativas de organização, de uma organização como prática de liberdade, isto é, de organizações autônomas e autogovernadas, arenas indispensáveis à democracia política, social, econômica, cultural etc.

A grande contribuição, em termos teóricos e práticos, que a este propósito acabará por ser suscitada a partir da sua experiência como político-administrador escolar, desde a Secretaria Municipal e do convívio com a sua equipe de governo, é exatamente a de retomar e aprofundar suas concepções iniciais, agora por referência mais imediata aos problemas da governação democrática da educação e da escola pública. Compreende que a sua ação político-educativa, a partir da Secretaria, ou integra desde o início, e em termos substantivos, um projeto de democratização da organização e da administração escolares, ou se priva não só dos meios de execução desse projeto, mas também de elementos essenciais dele; pedagogia e administração são, na escola, termos indissociáveis e é na escola, de resto, que adquirem plena unidade e expressão, tornando-se inseparáveis pela ação educativa.

A construção da escola democrática e a democratização da organização e administração escolares não ocorrem de forma diferida; nem se democratiza primeiro a educação, o currículo e a pedagogia para, a partir daí, intentar finalmente a democratização organizacional e administrativa, nem se parte desta, como aquisição *a priori*, para depois conseguir alcançar aquela. Uma e outra encontram-se profundamente imbricadas e são mutuamente reforçadoras, ou inibidoras, da democratização da escola, ainda quando, em termos de processo, se possam admitir ritmos e avanços algo distintos. Embora a primeira orientação seja, de fato, mais comum, pela tradição e pela força de certas concepções voluntaristas e pedagogistas, desencarnadas das vertentes políticas e estruturais, e dos fenômenos de poder, partindo da crença ingênua, combatida por Freire, de que a pedagogia, isoladamente, pode ser "motor ou alavanca da transformação social e política" (Gadotti, 1988, p. 10). Não obstante, a concepção oposta, de que é pelas mudanças organizacionais, estruturais e morfológicas, que se democratiza ou muda a escola, é também hoje muito frequente, por influência das perspectivas gerencialistas e de suas visões reificadas, antropomórficas e instrumentais de organização escolar.[3]

Ora a democratização da escola envolve, e atravessa, todos os níveis (macro, meso, micro), da administração central à sala de aula, do organograma do sistema escolar à organização do trabalho pedagógico, dos processos aos conteúdos, das regras formais às regras não formais e informais. A autonomia dos alunos não é insularizável na sala de aula ou em projetos de trabalho didático, nem passível de ser sistematicamente e coordenadamente favorecida e praticada por professores fortemente controlados em suas práticas pedagógicas, através da concepção centralizada da organização pedagógica, e do currículo, ou da existência de exames nacionais, por exemplo. A construção de uma escola democrática para todos, aberta à diversidade sociocultural e promotora de uma educação multicultural, não é realizável apenas através de uma boa formação inicial e contínua dos professores (embora indispensável),[4] ou de uma alteração radical das práticas peda-

---

3. Assim homogeneizando objetivos e interesses e pondo, pretensamente, termo à sua conflitualidade, a propósito do que Freire (1997a, p. 42-3) escreveu: "Os discursos neoliberais, cheios de 'modernidade', não têm força suficiente para acabar com as classes sociais e decretar a inexistência de interesses diferentes entre elas, bem como não têm força para acabar com os conflitos e a luta entre eles".

4. É indispensável também em termos de educação política, e não em função do "pragmatismo pedagógico" ou do "treino técnico-científico" (Freire, 1996b, p. 162) que despolitizam e

gógicas dominantes, deixando incólumes as vertentes organizacionais e o poder da administração. A participação dos pais e de outros setores comunitários não representa algo que apenas seja adicionável à atual organização da escola, para que melhorando-a ela permaneça, no essencial, igual àquilo que tem sido e que é.

A educação escolar para a democracia e para a cidadania, só possível através de práticas educativas democráticas, é por natureza organizacional, tal como a organização e a administração escolares são, por definição, políticas, educativas e pedagógicas. Aqui reside, creio, uma das mais importantes lições de Freire; aquela que indubitavelmente conclui pela *politicidade* e pela *pedagogicidade* da organização escolar e da ação administrativa na escola.[5] Ora, tal como venho também insistindo, torna-se necessário não ignorar que a organização e administração das organizações educativas se constitui, desde logo, como pedagogia implícita (e como *currículo oculto*); tal exercício, não sendo neutro ou instrumental, promove valores, organiza e regula um contexto social em que se socializa e se é socializado, onde se produzem e reproduzem regras e se exercem poderes. Trata-se, por isso, de uma ação extremamente exigente em termos políticos e éticos, a partir do momento em que lhe exigimos que acautele e promova o potencial democrático, de autonomia e de cidadania, de tolerância e de respeito ativo pelos direitos humanos, que afirmamos que a escola comporta ainda, e sobretudo por comparação com a maioria das organizações sociais e formais do nosso tempo.

É particularmente neste terreno que Paulo Freire se revela democraticamente intransigente na defesa da democracia educativa e escolar,

---

desprofissionalizam os professores. Por esta razão adverte: "O trabalhador do ensino, enquanto tal, é um político, independentemente de se é, ou não, consciente disso. Daí que me pareça fundamental que todo trabalhador do ensino, todo educador ou educadora, tão rapidamente quanto possível, assuma a natureza política de sua prática. Defina-se politicamente. Faça a sua opção e procure ser coerente com ela" (Freire, 1991, p. 49).

5. Congruentemente, Freire vai ao ponto de chamar a atenção para a "pedagogicidade indiscutível na materialidade do espaço" (Freire, 1996b, p. 50).

rejeitando mesmo as possíveis mudanças aparentemente favoráveis, mas normativamente decretadas ou impostas, e por isso autoritárias[6], dispensando a participação dos atores escolares e da comunidade, fora da qual entende que "é absolutamente impossível democratizar a nossa escola" (Freire, 1991, p. 127). Mas é também por essa razão que não aceita concepções meramente colaborativas e cooptativas de participação, exigindo-lhe que vá "mais além"[7], pelo exercício de um autogoverno que demanda descentralização e autonomia.

A este nível, a sua lição maior é talvez aquela em que verdadeiramente revela as suas concepções críticas e radicais de democracia e de liberdade, ao insistir na descentralização, na autonomia da escola e na participação dos pais, num contexto global em que agendas semelhantes têm sido apropriadas por políticas neoliberais e privatistas na educação; não abandonando as suas convições, antes as reforçando e desocultando as profundas dessemelhanças entre umas e outras[8]. Esta fidelidade a concepções políticas e a projetos de democratização, enquanto práticas de liberdade, revela-se ainda como radical (e por vezes incômoda mesmo para os setores político-educativos que inte-

---

6. Pois "a escola que se quer não nascerá de puro decreto publicado no Diário Oficial [...] mesmo porque isto, além de ser uma postura autoritária, em nada garante que a escola será melhor" (Freire, 1991, p. 97). Também em textos da responsabilidade da Secretaria Municipal encontramos semelhante linha de argumentação: "sabemos que a escola não é e nunca será apenas o resultado das decisões oficiais. Coexiste sempre, com a história oficial e documentada, uma outra história, mais difícil de se explicitar" (SME, 1992g, p. 7). Não por acaso, é exatamente sobre essa "outra história" que, como já reconheci, este texto não encontrou meios para ir mais longe.

7. Isto é, entendendo que a participação de que fala "Implica, por parte das classes populares, um 'estar presente na História e não simplesmente nela estar representadas'. Implica a participação política das classes populares através de sua representação ao nível das opções, das decisões e não só do fazer já programado. Por isso é que uma compreensão autoritária da participação a reduz, obviamente, a uma presença concedida das classes populares a certos momentos da administração" (Freire, 1991, p. 75).

8. Por exemplo relativamente à autonomia da escola, esclarecendo que ela "não implica dever o Estado fugir a seu dever de oferecer educação de qualidade e em quantidade suficiente para atender a demanda social", e declarando: "Não aceito certa posição neo-liberal que vendo perversidade em tudo o que o Estado faz defende uma privatização sui-generis da educação. Privatiza-se a educação mas o Estado a financia. Cabe a ele então repassar o dinheiro às escolas que são organizadas por lideranças da sociedade civil" (Freire, 1996a, p. 311).

grava e que com ele colaboravam), porque recorrentemente afirmada, para além dos medos de contaminação por ideais políticos opostos (que por isso não serão ignorados, mas criticamente considerados), para além de conveniências partidárias, de circunstâncias do debate político, de razões pragmáticas, ou de riscos, efetivos ou potenciais. Por isso pôde, por exemplo, permitir-se aderir a um ideal de municipalização da educação, seguramente um dos mais arriscados, e de fato violentamente criticado no seio do seu próprio partido,[9] confessando que aquilo que nela o punha "de imediato a favor do processo" era o que ela continha "de democrático, de descentralizador, de antiautoritário", assim merecendo luta por ela (Freire, 1991, p. 51-2).[10]

Como noutros casos, para Paulo Freire também a governação democrática da escola pública não se poderá furtar, com todas as consequências disso, à sua incorporação nas lutas por uma sociedade mais democrática, mais livre e mais justa, assim se juntando a outras "marchas históricas que revelam o ímpeto da vontade amorosa de mudar o mundo",[11] o que fazendo dela uma possibilidade talvez mais forte e sustentada, não deixará de afastar muitos da sua perseguição diligente e sincera.

---

9. De fato, trata-se de uma das questões mais debatidas nos últimos anos no Brasil e sobre a qual as secretarias e departamentos de educação governados pelo PT têm manifestado posição muito crítica e mesmo de rejeição, pois como justifica Selma Rocha (s.d., p. 12), "as experiências reais de municipalização têm demonstrado, em todo país, que as intenções dos governantes têm mais relação com a desobrigação frente às suas responsabilidades do que com qualquer vocação democrática. As experiências realizadas demonstram que os Estados têm repassado aos municípios apenas responsabilidades, mas não recursos".

10. Justificando a sua posição de princípio, favorável à municipalização da educação, afirma: "Para mim, argumentos às vezes corretos, válidos, perdem sua validade porque deveriam ser levantados, não contra ela, mas contra possíveis distorções dela, confundindo-a com desobrigação do Estado diante da Educação" (Freire, 1991, p. 52).

11. A propósito do *Movimento dos Sem Terra* — ou dos "Levantados do chão" do poema de Chico Buarque, para quem segundo Saramago (1997: 13) "O Cristo do Corcovado desapareceu, [levado por] Deus quando se retirou para a eternidade, porque não tinha servido de nada pô-lo ali" —, Freire refere-se a estas diversas marchas históricas "dos que se recusam a uma obediência servil, dos que se rebelam, dos que querem ser e estão proibidos de ser" (cf. Freire, 1997e; última entrevista que concedeu, a 17 de abril de 1997).

6

Autonomia da pedagogia da autonomia?

A perseguição de uma escola pública democraticamente governada, não apenas contemplando a possibilidade, mas procurando tornar realidade o exercício de práticas educativas mais democráticas, também por essa via reforçando o carácter público da escola, implica necessariamente um aprofundamento da(s) autonomia(s). Uma escola (mais) democrática é, por definição, uma escola (mais) autônoma, em graus e extensão variáveis e sempre em processo. É através do processo de democratização do governo das escolas, em direção ao seu autogoverno, tal como pela democratização das práticas educativas/pedagógicas envolvendo professores e alunos mais livres e responsáveis, que se torna possível uma educação comprometida com a "autonomia do ser dos educandos" (Freire, 1996b, p. 14). Neste sentido, a autonomia constitui-se como valor, objetivo e experiência pedagógica concreta, inerente à natureza educativa e à pedagogia (democráticas), especialmente quando se reconhece que a tarefa do educador-docente é "não apenas ensinar os conteúdos mas também ensinar a pensar certo" (Freire, 1996b, p. 29).

Ao voltar a insistir, no último livro que escreveu, em que "ensinar não é transferir conhecimento, mas criar as possibilidades para a sua própria produção ou a sua construção" (ibid., p. 52), Paulo Freire retoma, congruentemente, os princípios originários da sua teoria educacional e das suas propostas político-educativas. Designadamente uma concepção de educação *como prática da liberdade*, assente numa *pedagogia democrática*, numa *prática dialógica e antiautoritária* (Freire, 1967), recusando a *domesticação*, a *conquista* e o *dirigismo* (Freire, 1975a), afastando a *prescrição* e a *decretação* típicas da "educação bancária", alienante e opressora, através de uma "educação problematizadora", *libertadora* e comprometida com a *emancipação* (Freire, 1975b).

Educação e política, pedagogia e ideologia, são consideradas inseparáveis logo a partir dos mais elementares traços constitutivos do processo pedagógico, com destaque para a seleção (não natural) dos conteúdos e para a escolha (arbitrária) dos objetivos do ensino.[1] Para Freire é a necessária existência de objetivos que confere à educação o seu carácter diretivo, que a torna "uma forma de intervenção no mundo" (Freire, 1996b, p. 110), seja para a *reprodução* seja para a *transformação*; e daí, também, releva a impossibilidade da sua neutralidade e apoliticidade:

> Não há educação sem objetivos, sem finalidades. É isto que, fazendo-a diretiva, não permite sua neutralidade ou a neutralidade do educador (Freire, 1991, p. 119-20).

A neutralidade da educação é, portanto, associável a visões despolitizadas e ingênuas de educação,[2] a representações descontextualizadas

---

1. Como afirma em *Pedagogia da esperança*, "O problema fundamental, de natureza política e tocado por tintas ideológicas, é saber quem escolhe os conteúdos, a favor de quem e de que estará o seu ensino, contra quem, a favor de que, contra que" (Freire, 1997a, p. 110). E, mais adiante, reconhece com clareza que "Não é possível democratizar a escolha dos conteúdos sem democratizar o seu ensino" (ibid., p. 111). Vinte anos antes, em *Cartas à Guiné-Bissau*, já assinalava: "A organização do conteúdo programático da educação, seja ela primária, secundária, universitária ou se dê ao nível de uma campanha de alfabetização de adultos, é um ato eminentemente político, como política é a atitude que assumimos na escolha das próprias técnicas e dos métodos para concretizar aquela tarefa" (Freire, 1978, p. 122).

2. "A neutralidade da educação, de que resulta ser ela entendida como um quefazer puro, a serviço da formação de um tipo ideal de ser humano, desencarnado do real, virtuoso e bom, é

e fragmentárias de ação pedagógica, a perspectivas ideológicas capazes de ocultarem, ou naturalizarem, o carácter ideológico de suas opções e interesses, bem típicas daquilo que o autor apelidou de "pós-modernidade reacionária".[3]

Ao considerar que a educação é, pela sua natureza, uma atividade política, Freire não atribui apenas uma dimensão política a todas as atividades educativas, não se limita a identificar um elemento político no processo de ensino-aprendizagem, nem a conferir conotação política genérica à ação pedagógica. Para o autor, educação *é* política, "e por isso nem é possível falar de uma dimensão política da educação, pois toda ela é política" (Freire, 1987, p. 73). Como a propósito conclui Ira Shor (1993, p. 27), para ele "Todas as formas de educação são políticas, quer professores e alunos reconheçam ou não a política no seu trabalho".[4] E por isso não existe o estritamente pedagógico, o exclusivamente administrativo, o singularmente didático. Em Freire os principais problemas com que a educação se confronta não são os problemas pedagógicos propriamente ditos, mas sim os problemas políticos (Torres, 1993, p. 125) ou, no limite, os problemas de tipo político-pedagógico que a sua *pedagogia política* permite identificar e desocultar criticamente e que desafia a afrontar através da ação educativa, enquanto *ação cultural* e *práxis político-pedagógica*.

É, de resto, a valorização dos sujeitos e da ação social que estes empreendem, seguramente condicionados, mas não determinados pelas estruturas sociais e pelos poderes de dominação, que confere ao

---

uma das conotações fundamentais da visão ingênua da educação", escreveu em *A importância do ato de ler…* (Freire, 1997b, p. 28).

3. Veja-se, entre outras obras, *Cartas a Cristina*, onde declara: "A pós-modernidade reacionária vem tendo certo êxito na sua propaganda ideológica ao proclamar o sumiço das ideologias, a emersão de uma nova história sem classes sociais, portanto sem interesses antagônicos, sem luta, ao apregoar não haver por que continuarmos a falar em sonho, em utopia, em justiça social" (Freire, 1994a, p. 112).

4. Pois, continua o autor, a política reside no discurso da sala de aula, nos diálogos entre professor e alunos, nos temas estudados, nos silêncios, na imposição de testes estandardizados, nas condições físicas dos edifícios e das salas de aula… (ibid.).

elemento político um carácter decisivo e não apenas metafórico na abordagem freiriana, destacando como dimensões analíticas, e simultaneamente como valores, a pluralidade de objetivos, a diversidade de interesses, o dissenso e a luta, a racionalidade política e o voluntarismo dos atores. É na/pela ação que educação e política se revelam indissociáveis e que por essa razão Freire conclui:

> Do ponto de vista crítico, é tão impossível negar a natureza política do processo educativo quanto negar o carácter educativo do ato político (Freire, 1997b, p. 23),

ou, ainda, que convocando o seu conceito de "politicidade da educação" afirme:

> Existe uma "politicidade" na educação no mesmo sentido em que existe uma "educabilidade" naquilo que é político; por outras palavras, existe uma natureza política na educação, tal como existe uma natureza pedagógica na ação política [...] (Freire, 1994c, p. 135).

Ficam assim superadas as focalizações de tipo atomizante, seja considerando *educação* e *política* enquanto meras variáveis, ou como esferas independentes que por vezes se cruzam ou atraem, ou como subsistemas em interação, e também outras perspectivas deterministas e de sistema social que ora subordinam o educativo ao político, ora reduzem mesmo o primeiro a um *reflexo* do segundo.[5]

---

5. A este propósito são muito oportunas as palavras de Adriana Puiggrós, exatamente comentando Freire: "[...] a política não é um elemento externo ao processo educativo; educação e política não podem ser reduzidas a subsistemas que incidem mutuamente no organismo social, tal como pretende o funcionalismo. Também a educação não é um campo inerte que recebe o reflexo do espaço onde se geram os verdadeiros processos, reais, materiais. O elemento político é parte indissociável do pedagógico, constitui-o" (Puiggrós, 1998: 108). Também por esta razão Freire interessará a políticos (por ser pedagogo) e a pedagogos (por ser político), de acordo com a observação pertinente de Campos (1998, p. 23).

Se fazer educação é fazer política, deixa portanto de ser possível ser *exclusivamente* educador(a), ser *só* professor(a), *apenas* ensinar, não cuidando das implicações ou mesmo alienando as responsabilidades éticas, morais, profissionais, etc., da ação política que a atividade educativa desempenhada sempre constitui. E para os defensores da democracia ficam reforçadas, e não diluídas ou denegadas, as relações possíveis entre educação e emancipação, entre prática pedagógica e liberdade e autonomia, entre ensinar e lutar pela democracia, entre dialogar, ouvindo o outro, e assumir-se (seja educador seja educando) como sujeito de transformação. Na sétima carta que dirigiu "a quem ousa ensinar", Freire esclarece e, simultaneamente, convoca:

> Como educadoras e educadores somos políticos, fazemos política ao fazer educação. E se sonhamos com a *democracia*, que lutemos, dia e noite, por uma escola em que falemos *aos* e *com* os educandos para que, ouvindo-os possamos ser por eles ouvidos também (Freire, 1997c, p. 92).

Neste quadro de relações e de possibilidades em aberto, saber interpretar e analisar criticamente as políticas para a educação, as políticas educativas e pedagógicas, e também as ações educativas e as práticas pedagógicas enquanto ações políticas, parece pois indispensável. Desde logo em contextos de formação de educadores/ professores, onde uma educação política dos educadores será imprescindível tendo em vista os crescentes fenômenos de desideologização das políticas educativas, de despolitização das práticas pedagógicas, de corporativismo profissional, de pragmatismo didático, de fetichismo avaliativo[6] e mesmo de "pedagogismo", definido por Freire (1994c, p. 30) como "um otimismo ingênuo relativo à prática da educação".

---

6. Para uma crítica ao "mito da medição", ao cientificismo e à despolitização da avaliação, veja-se o trabalho de Patricia Broadfoot (1996); para uma análise das relações entre avaliação e ideologias gerencialistas na educação, veja-se a crítica que produzi em torno do que designei por *paradigma da educação contábil* (Lima, 1997). Para tratamento aprofundado da avaliação educacio-

Uma educação política de educadores/professores, enquanto formação cultural e cívica, criticamente orientada para o conhecimento e para a discussão das teorias e dos valores democráticos, da participação e da cidadania ativa, não subjugada às orientações pragmáticas das correntes tradicionais dos *recursos humanos*, nem subordinada aos modelos de identificação de necessidades e de aquisição de competências impostos pelas correntes tecnocráticas da formação profissional e apoiados pelas psicologias do treinamento, revelar-se-á ainda particularmente relevante na passagem à ação, na intervenção socioeducativa, nas necessárias mobilização e organização para uma educação e uma escola mais democráticas. Neste sentido, como "uma forma de crítica social e cultural" (McLaren, 1994, p. XVI), a pedagogia não é redutível a um corpo de normas e prescrições, ou de princípios teóricos insularizados da ação; não é teoria sem (ou divorciada da) prática, nem ativismo espontâneo e irrefletido; exige a unidade teoria e prática,[7] numa relação construída pela reflexão crítica sobre a prática, que tanto necessita do discurso teórico para ser ensaiada como, por sua vez, interroga, desafia, ou mesmo permite recriar, a teoria. Esta é, de resto, considerada "indispensável à transformação do mundo" (Freire, 1991, p. 135) pois, segundo esclarece,

> Na verdade, não há prática que não tenha nela embutida uma certa teoria [...]. Sem teoria, na verdade, nós nos perdemos no meio do caminho. Mas, por outro lado, sem prática, nós nos perdemos no ar. Só na relação dialética, contraditória, prática-teoria, nós nos encontramos e, se nos perdemos, às vezes, nos reencontramos por fim (ibid.).

---

nal no âmbito das reformas educativas contemporâneas e sua centralidade nas políticas educativas, veja-se a investigação de Almerindo Afonso (1998).

7. "Nem *elitismo teoricista* nem *basismo praticista*, mas a unidade ou a relação *teoria e prática*", afirma em *A educação na cidade* (Freire, 1991, p. 29), esclarecendo mais tarde, em *Pedagogia da autonomia*, que na ausência de tal relação "a teoria pode ir virando blablablá e a prática, ativismo" (Freire, 1996b, p. 24).

Como teoria da mudança da educação (e do mundo) e prática transformadora baseada na transferência e na partilha de saberes e de poderes, a pedagogia crítica de Freire (do oprimido, da esperança, da autonomia…) assume uma raiz tipicamente libertária.[8] E teoria e prática, leitura crítica da realidade e ação política, encontram-se de fato profundamente envolvidas no sentido atribuído por Freire à *liberdade*, significando segundo Peter McLaren e Tomaz Tadeu da Silva (1993, p. 56) "[…] desmascarar os mecanismos sociais e culturais do poder como base para um comprometimento com a ação emancipatória". Daí a sua insistente defesa e recuperação das "narrativas da liberdade", das "narrativas da recusa e da luta", das "narrativas da libertação", observando que "a luta por democracia é o âmago da luta para a libertação" (Freire, 1993, p. XI).

Ora a luta por uma educação democrática e libertadora integra o universo das lutas pela democracia, em que a construção de uma escola democrática se revela elemento essencial ainda que, só por si, insuficiente;[9] tal como, por seu turno, as realizações democráticas operadas à margem do educativo, que totalmente ignorassem a instituição escolar e dispensassem o seu concurso, se veriam fortemente amputadas e diminuídas no seu alcance democratizador. Uma educação e uma escola democráticas são fatores indispensáveis à *democratização da democracia*; o elemento educativo e pedagógico extravasa a educação enquanto universo restritamente conceitualizado para se

---

8. Referindo-se a esta raiz, Aranowitz (1993, p. 16) sustenta: "A filosofia política de Freire, no contexto dos debates históricos da esquerda revolucionária, não é populista, Leninista, nem, realmente, social-democrata em sentido contemporâneo, mas libertária na tradição de Rosa Luxemburgo e dos anarquistas".

9. Segundo McLaren & Silva (1993, p. 83), "Para Freire, os mais importantes sítios para resistir à escravatura das maquinarias da servidão são as escolas", embora, como recordam os autores, não sejam os únicos, mas enquanto instâncias para a transformação social sejam extremamente necessários.

Em diferente registro, e comentando a função reprodutiva das escolas em face das ideologias dominantes na sociedade, van Dijk (1998, p. 186-7) também reconhece que, por outro lado, elas se encontram no grupo das poucas instituições onde existe liberdade suficiente para os "dissidentes" conferirem voz às suas *ideologias de oposição*.

afirmar essencial à constituição e à expressão continuada da democracia,[10] bem como à formação de cidadãos democráticos. Como Morrow & Torres (1998, p. 147) observam a este propósito, "a formação do cidadão democrático implica a formação de um sujeito pedagógico" e a construção deste representa, de fato, "um problema conceptual central, um dilema da democracia".

Mas enquanto ação política e sociocultural, a *luta por democracia* é também considerada ação educativa e pedagógica, ou "testemunho pedagógico", decorrente da "educabilidade" presente no processo de mobilização e de organização que toda a transformação social exige e que se revela, ainda, central à formação do *sujeito pedagógico democrático*. O conhecimento é obtido através do processo (também pedagógico) de transformação:

> Existe um testemunho pedagógico na prática da transformação social; é o processo de mobilização, o qual é automaticamente também um processo de organização. Não existe mobilização sem organização, pelo que diferenciar uma de outra me parece ingênuo; não é dialético, dado que nós não nos mobilizamos primeiro para depois subsequentemente nos organizarmos. A essência da mobilização contém em si mesma a organização; o processo de mobilização organizacional é profundamente pedagógico (Freire, 1994c, p. 34).

Para Freire, a associação de uma interpretação crítica da realidade a práticas políticas de mobilização organizacional pode gerar novas possibilidades democráticas e apoiar ações de tipo *contra-hegemônico*, numa clara associação com o pensamento de Antonio Gramsci que ele

---

10. Nas palavras de Morrow & Torres (1998, p. 127), "para Dewey, Freire e Habermas, a educação não diz respeito apenas à educação, mas também à formação e à expansão da democracia e da cidadania democrática". De fato, como disse Freire, é necessário "abrir mais a escola", transformá-la numa *escola cidadã*, isto é, num "centro de direitos e centro de deveres", assim comprometido com a "formação para a cidadania" (cf. registro audio, in Radio Nederland, 1998).

próprio evoca e que outros autores têm aprofundado,[11] assim valorizando o processo educativo enquanto elemento central da ação política e da construção de uma democracia participativa que pressupõe, em Freire como já em Gramsci, uma *teoria do sujeito* (Mayo, 1999, p. 90-1). Ao participarem ativamente no desvelamento da sua realidade e no processo de criação do seu próprio conhecimento, os indivíduos constroem-se enquanto *sujeitos* (e "produtores"), rompem com a anterior condição de *objetos* (ou de "pacientes"), adotam uma "postura conscientizadora"[12] e adquirem novas capacidades de luta e de interferência nos processos de decisão, isto é, tornam-se mais livres e autônomos.

Neste sentido, toda a pedagogia freiriana pode ser interpretada como uma *pedagogia da autonomia*, orientada para a formação de sujeitos capazes de decisões livres, conscientes e responsáveis, tornando-se assim "presenças marcantes no mundo" (Freire, 1997c, p. 47). Porém, esta valorização da autonomia é assumida por referência a valores democráticos e do domínio público, e não, obviamente, como categoria fundada na *ética do mercado*, no *individualismo possessivo* e na *competitividade*, tão em voga nos discursos neoliberais e nas práticas gerencialistas.

Como valor central do domínio público, associada às virtudes cívicas da cooperação (*civitas*) como condição para o seu efetivo desempenho, a autonomia é articulada com as ideias de autodeterminação e de autogoverno, e com a igualdade dos cidadãos perante a comunidade (Ranson & Stewart, 1994, p. 62-4). Em Paulo Freire, muito especialmente, as suas concepções de democracia radical e de cidadania crítica encontram-se fortemente inspiradas pelas teorias críticas,[13] conferindo a autonomia um significado que põe em evidência a capacidade de os seres humanos produzirem juízos informados, conscientes

---

11. Veja-se, por exemplo, Freire (1997b, p. 21) e também a importante análise comparativa conduzida por Peter Mayo (1999).

12. Procurando "desocultar as ideologias tão mais vivas quanto delas se diz que estão mortas" (Freire, 1991, p. 113).

13. Abordei especificamente esta questão em estudo anterior (Lima, 1998a), agora incorporado neste texto.

e livres, não influenciados nem distorcidos por relações assimétricas e por desigualdades sociais, de conhecimento ou de poder (Alvesson & Willmott, 1996, p. 13).

Exigindo-se aos processos de tomada de decisões, a fim de os considerarmos processos democráticos, a participação de sujeitos conscientes, responsáveis e livres, através da sua *ingerência* nas decisões (e não simplesmente por ação da *gerência* dos outros), a autonomia e a responsabilidade são, simultaneamente, condições e consequências da democracia, resultados alcançados por uma educação democrática e condições necessárias à prática dessa educação e ao processo de democratização da escola.

A educação para a democracia, só realizável através de ações educativas e de práticas pedagógicas democráticas, conhece na autonomia (individual e coletiva, de alunos e de professores) um elemento decisivo à sua concretização. E, à semelhança do que ocorre nas relações entre democracia e educação, também no caso do imprescindível exercício de uma pedagogia da autonomia se regista a imprescindibilidade da autonomia para a prática dessa pedagogia, ou seja, em articulação e mútuo reforço, não haverá que construir uma situação de autonomia da pedagogia da autonomia?

7

Pedagogia da autonomia:
ensinar e aprender a decidir
através da prática de decisões

Dirigindo-se especialmente a educadores críticos e a professores democráticos, destacando a *responsabilidade ética* da sua ação docente e também a importância da sua preparação científica e da sua intervenção profissional, Paulo Freire retoma em *Pedagogia da autonomia* (Freire, 1996b) muitos dos tópicos mais marcantes das suas obras anteriores, escritas ao longo de três décadas. Esta "retomada de problemas", como lhe chamou, ora esclarecendo ora procurando novas articulações, onde (re)encontramos as problemáticas da "inconclusão do ser humano", da "curiosidade ingênua e curiosidade crítica", da distinção entre *treino* e *formação*, da "vocação ontológica do ser humano", ou da "tensão entre autoridade e liberdade", entre outras, é porém focalizada em novos termos ao longo deste livro.

Já quando de suas reflexões sobre política educativa e administração escolar, suscitadas pela sua experiência na Secretaria Municipal de Educação da cidade de São Paulo e reunidas em diálogos-entrevistas sob o título de *A educação na cidade* (Freire, 1991), e também em *Professora sim, tia não* (Freire, 1997c), onde aprofunda a questão da profissionalidade docente, se registrara um encontro privilegiado com o universo da educação formal, com a prática docente, o currículo e a avaliação, a organização e administração das escolas, etc. Encontro que surpreendeu alguns observadores, e que outros reconheceram como improvável, por possivelmente o terem fixado, imutavelmente, em torno da sua célebre *Pedagogia do oprimido* (Freire, 1975b) e das suas conhecidas contribuições para a alfabetização e educação popular dos adultos. Fixação certamente mais adotada por certas recepções e por certas críticas estereotipadas (mesmo quando mais favoráveis ou entusiásticas, do que desfavoráveis), do que por uma obra e por um olhar que Freire vinha, de fato, interrogando, (re)trabalhando e (re)construindo por referência aos problemas do seu tempo e do seu espaço; tendo em atenção os problemas da educação toda, não escolar e escolar, sobretudo a partir dos anos 1980 e do seu regresso ao Brasil, depois dos tempos de exílio. Esta nova fase, de reflexão e intervenção em favor da democratização do seu país, de militância político-pedagógica, e também partidária, representou realmente um "renascimento pedagógico" (Nóvoa, 1998a, p. 180-2), um período pujante (até à sua morte em maio de 1997) em que esteve muito ativo, em que escreveu e organizou vários livros, e em que viu o seu trabalho (sobretudo o mais recente) ainda mais internacionalizado, estudado e debatido, especialmente por parte de destacados acadêmicos norte-americanos e por alguns europeus, ativos na construção e discussão de uma *pedagogia crítica*.

Durante aquele período, Freire retomou e atualizou as suas críticas à "educação bancária" e à escola tradicional, e também a muitas de suas sofisticadas metamorfoses, seja sob verdadeiro impulso ou sob falsa justificação de fenômenos de globalização, de competitividade econômica, de imperativos de mercado, de princípios de modernização e de flexibilização etc. Mas, sem dúvida, procurando estabelecer uma espécie de trânsito possível entre *educação não formal* e *educação formal*, entre educação popular de adultos e educação popular de jovens e crianças e, particularmente, entre comunidade e "escola pública popular".

Em face de uma certa tradição normativista de tipo *andragógico*, contribuiu também para desmistificar o caráter pretensamente superior, pois alegadamente incontaminado pelos fenômenos tipicamente escolares-formais, das realidades socioeducativas não escolares ou extraescolares, assim possibilitando uma compreensão do educativo na sua globalidade e complexidade e uma intervenção educativa na sua totalidade.[1]

A possível síntese sai, de resto, evidenciada nas propostas apresentadas para uma *desformalização* burocrática da instituição escolar,[2] envolvendo a desconstrução crítica das suas morfologias de dominação e estruturas não democráticas, com o objetivo de envolver a comunidade e os atores escolares na reinvenção participativa e autônoma da escola pública, transformando-a numa organização de liberdade e autoridade democrática, capaz de oferecer resistência[3] contra o autoritarismo, a opressão e todas as formas de discriminação baseadas na classe, na raça, na religião, no gênero[4] etc., uma vez que

> a prática preconceituosa de raça, de classe, de gênero ofende a substantividade do ser humano e nega radicalmente a democracia (Freire, 1996b, p. 39-40).

---

1. Recordem-se, a este propósito, as críticas de Freire às "visões focalistas" da realidade, exatamente por se revelarem incapazes de abarcar a compreensão da totalidade (cf., por exemplo, Freire, 1991, p. 129).

2. Processo indispensável em termos de política organizacional e de redistribuição democrática dos poderes educativos, mas até mesmo, também, em termos de capacidade de realização de projetos e de introdução de mudanças, pois como reconhecia Freire (1991, p. 97), "a burocracia é tão lenta e complicada que, na verdade, acaba sendo uma barreira tão grande que parece ter sido inventada para que as coisas não se façam, não andem".

3. Elemento central nas propostas de Paulo Freire e em toda a sua obra, como realça Peter McLaren (1998, p. 62): "Mais do que qualquer outro educador deste século, Freire desenvolveu uma pedagogia de resistência à opressão".

4. Em particular, no que se refere às questões de gênero, e especificamente às discussões em torno da sua ausência nas primeiras obras de Freire, remeto o leitor para a posição crítica e respectiva contextualização de bell hooks (1993) e também para as próprias palavras de Paulo Freire em diálogo com Donaldo Macedo (Freire & Macedo, 1993).

E quanto às formas de discriminação sociocultural, aparentemente paradoxais numa instituição cultural como a escola, mas que de fato as institucionalizou e afirmou autoritariamente contra certas culturas e subculturas, não coincidentes com a sua imposição de uma *cultura escolar* fabricada numa lógica de poder e exclusão, também Freire é claro:

> Para mim [...] é absolutamente impossível democratizar a nossa escola sem superar os preconceitos contra as classes populares, contra as crianças chamadas "pobres", sem superar os preconceitos contra sua linguagem, sua cultura, os preconceitos contra o saber com que as crianças chegam à escola (Freire, 1991, p. 127).

Esta prática educativa democrática, antidiscriminatória, uma prática "educativo-progressista" (como lhe chamou o nosso autor), orientada para a realização dos educandos como seres livres e conscientes, para a aproximação crítica entre a escola e a vida, currículo e experiência social dos sujeitos, ensino e formação moral e cívica, formação democrática e exercício efetivo de práticas democráticas e participativas na escola, ao comprometer-se assim com a emancipação e a autonomia revela-se uma *pedagogia da autonomia*. Acontece que uma pedagogia da autonomia, envolvendo estudantes que na escola se vão progressivamente estruturando e afirmando como sujeitos autônomos, exige, obviamente, a intervenção de professores autônomos e também "saberes necessários" às práticas educativas autonômicas. É precisamente sobre os desafios da formação docente e da construção de tais saberes que Freire refletirá, mais sistematicamente, no livro *Pedagogia da autonomia* (Freire, 1996b).

Em poucas palavras, incluídas pelo editor na apresentação do livro, Moacir Gadotti comenta, pertinentemente, que "Nele Paulo Freire nos ensina a ensinar partindo do ser professor. Numa linguagem acessível e didática ele reflete sobre saberes necessários à prática educativo-crítico fundamentados numa ética pedagógica e numa visão do mundo alicerçadas em rigorosidade, pesquisa, criticidade, risco, humildade, bom senso, tolerância, alegria, curiosidade, esperança, competência, generosidade, disponibilidade... molhadas pela esperança". E, com efeito, a obra é estruturada segundo princípios que procuram traduzir exigências à ação docente de ensinar-formar em autonomia. Embora desenvolvendo-se a partir de um índice que corre o risco de parecer demasiado esquemático, podendo fazer lembrar as tradicionais listas de atributos frequentemente apresentadas em propostas pedagógicas de tipo mais acentuadamente normativista, com os seus mais ou menos longos inventários prescritivos, a verdade é que o trabalho nos revela uma organização metódica, solidamente referenciada aos principais tópicos do pensamento freiriano. Trata-se de um ensaio de investigação, organização e síntese, das múltiplas exigências do ato de ensinar, através de um roteiro que nos responsabiliza pelo número e pelas dificuldades inerentes às exigências apresentadas, mas que também nos desafia pela sua dimensão poética e nos mobiliza através do seu discurso inconformista, problematizador e crítico; pois o futuro "é *problemático* e não inexorável", não é "um dado dado" que *fatalmente* e *naturalmente* se abate sobre nós, exigindo-nos uma prática educativa de simples adaptação e subordinação, como se a realidade social e histórica não fosse construção artificial e sim imperativo natural. Ora o livro define-se, desde o início, como "um decisivo não a esta ideologia [*fatalista e imobilizadora*] que nos nega e amesquinha como gente" (Freire, 1996b, p. 22).

Organizado segundo três eixos principais, desenvolvidos ao longo de outros tantos capítulos, o texto abre com uma afirmação aparentemente óbvia, ou banal, mas por outro lado quase estranha e perturbante, pelas suas implicações mais radicais em termos de ação pedagógica: "Não há docência sem discência".[5] Abordando as relações

---

5. O primeiro capítulo, assim nomeado, é organizado em torno de nove rubricas, significativamente intituladas: "Ensinar exige... rigorosidade metódica / pesquisa / respeito aos saberes dos educandos / criticidade / estética e ética / a corporeificação das palavras pelo exemplo /

formando-formador, a propósito da formação de professores, Freire problematiza os estatutos de *sujeito* e *objeto* do ato formador:

> Se, na experiência de minha formação, que deve ser permanente, começo por aceitar que o *formador* é o sujeito em relação a quem me considero o *objeto*, que ele é o sujeito que *me forma* e eu, o *objeto* por ele *formado*, me considero como um paciente que recebe os conhecimentos-conteúdos-acumulados pelo sujeito que sabe e que são a mim transferidos (Freire, 1996b, p. 25).

Ora, pelo contrário, segundo defende, "quem forma se forma e re-forma ao formar e quem é formado forma-se e forma ao ser formado", ou ainda "quem ensina aprende ao ensinar e quem aprende ensina ao aprender" (ibid.).[6] E assim se compreende que ensinar e que formar estejam para além da transmissão de conhecimentos e da transferência de conteúdos, ainda quando conhecimentos e conteúdos sejam elementos omnipresentes, obrigatoriamente transportados, construídos e reconstruídos pelos sujeitos em presença: sujeitos-formadores e sujeitos-formandos. Não obstante as diferenças de estatuto e situação, o formador não é aquele que transforma o outro em objeto da sua formação, "nem formar é ação pela qual um sujeito criador dá forma, estilo ou alma a um corpo indeciso e acomodado" (ibid.).

Conferindo protagonismo (e até precedência)[7] ao ato de aprender, o ato de ensinar fica-lhe subordinado e, em última análise, dependente dos sujeitos em aprendizagem para se confirmar enquanto ensino verdadeiro, isto é, prática de ensinar-aprender:

---

risco, aceitação do novo e rejeição a qualquer forma de discriminação / reflexão crítica sobre a prática / o reconhecimento e a assunção da identidade cultural" (p. 23-51).

6. Conforme esclarece, "Ensinar inexiste sem aprender e vice-versa e foi aprendendo socialmente que, historicamente, mulheres e homens descobriram que era possível ensinar" (ibid., p. 26).

7. "Aprender precedeu ensinar ou, em outras palavras, ensinar se diluía na experiência realmente fundante de aprender" (ibid., 26).

Não temo dizer que inexiste validade no ensino de que não resulta um aprendizado em que o aprendiz não se torna capaz de recriar ou de refazer o ensinado, em que o ensinado que não foi apreendido não pode ser realmente aprendido pelo aprendiz (ibid., p. 26).

Esta capacidade de *recriar ou de refazer o ensinado*, embora implicando igualmente os indivíduos em presença no processo formativo, concede aos sujeitos-formandos uma posição crítica como protagonistas da sua própria formação, exigindo dos sujeitos-formadores o respeito pela sua natureza de seres humanos com vocação livre e autônoma e, assim, a não dissociação do ensino dos conteúdos e da educação democrática, cívica e moral dos educandos.[8] Por outras palavras, assumindo as responsabilidades inerentes ao educador democrático de, através da sua prática docente, "reforçar a capacidade crítica do educando, sua curiosidade, sua insubmissão" (ibid., p. 28), desse modo preparando e reforçando a afirmação da sua autonomia e não simplesmente *transferindo conhecimento*.[9] Exercendo uma *pedagogia da autonomia* como forma de intervir no mundo e de preparar para essa intervenção, formando *sujeitos da História* com capacidade de *inserção* e não de mera *adaptação*, ensinando saberes instrumentais sem alienar a formação ética, ensinando e aprendendo a decidir através da prática de decisões.

A *capacidade deliberativa*, consciente e responsável dos professores (Nóvoa, 1998b, p. 184) afigura-se essencial ao exercício de uma pedagogia da autonomia, no sentido em que esta é assumida como pedagogia da decisão; a capacidade de decisão pedagógica e profissional é indispensável à ação de formar, à criação de oportunidades educativas

---

[8]. Pois "Se se respeita a natureza do ser humano, o ensino dos conteúdos não pode dar-se alheio à formação moral dos educandos" (ibid., p. 37).

[9]. O título atribuído ao capítulo seguinte é exatamente "Ensinar não é transferir conhecimento", dividido pelas seguintes epígrafes: "Ensinar exige... consciência do inacabamento / o reconhecimento de ser condicionado / respeito à autonomia do ser do educando / bom senso / humildade, tolerância e luta em defesa dos direitos dos educadores / apreensão da realidade / alegria e esperança / a convicção de que a mudança é possível / curiosidade" (p. 52-101).

de decisão a serem exercitadas pelos formandos, à passagem da *heteronomia* à *autonomia*:

> A capacidade de decisão da educadora ou do educador é absolutamente necessária a seu trabalho formador. É testemunhando sua habilitação para decidir que a educadora ensina a difícil virtude da decisão. Ninguém decide a não ser por uma coisa contra a outra, por um ponto contra outro, por uma pessoa contra outra (Freire, 1997c, p. 60).

Ensinar é, pois, necessariamente tomar decisões, seja individualmente, seja com outros profissionais, seja ainda com os alunos e alunas[10], e portanto nunca um ato puramente técnico, desligado da política e da ideologia. Isto significa que a competência profissional do professor[11], para além das ciências dos conteúdos a ensinar e das ciências que versam sobre os valores, os contextos e as condições desse ensino, bem como daquelas que orientam suas formas, métodos e técnicas de realização e de avaliação, há-de sempre ficar dependente, também, da capacidade de assunção de responsabilidades políticas e éticas, de escolhas e de decisões que envolvem riscos — pois "Decidir é romper e, por isso, preciso correr o risco" (Freire, 1996b, p. 104) —, do exercício de uma autonomia "que se funda na *responsabilidade* que vai sendo assumida" (ibid., p. 105).

Neste sentido, em toda a sua complexidade e amplitude político-ideológica, ética e moral, ensinar apresenta exigências que embora

---

10. "Há muitas ocasiões em que o bom exemplo pedagógico, na direção da democracia, é tomar a decisão com os alunos, depois da análise do problema. Em outros momentos, em que a decisão a ser tomada deve ser da alçada da educadora, não há por que não assumi-la, não há por que omitir-se" (Freire, 1997c, p. 60-1).

11. Este é um dos primeiros temas abordados no terceiro e último capítulo de *Pedagogia da Autonomia*, intitulado "Ensinar é uma especificidade humana" e organizado da seguinte forma: "Ensinar exige... segurança, competência profissional e generosidade / comprometimento / compreender que a educação é uma forma de intervenção no mundo / liberdade e autoridade / tomada consciente de decisões / saber escutar / reconhecer que a educação é ideológica / disponibilidade para o diálogo / querer bem aos educandos" (p. 102-65).

ORGANIZAÇÃO ESCOLAR E DEMOCRACIA RADICAL 91

fundadas em saberes científicos, técnicos e profissionais, superam os limites dessas esferas para se revelarem como atributos e compromissos humanos:

> É impossível ensinar sem essa coragem de querer bem, sem a valentia dos que insistem mil vezes antes de uma desistência. É impossível ensinar sem a capacidade forjada, inventada, bem cuidada de amar (Freire, 1997c, p. 10).

Tal como estudar, ensinar "implica a formação de uma disciplina rigorosa"[12] por forma a estudar os problemas, a agir em defesa de valores, a lutar por condições de trabalho e de formação, a ampliar a competência profissional, a autonomia e a autoridade democrática, mobilizando interesses e organizando vontades, impedindo a anulação dos professores e a alienação dos estudantes, em suma, ensinando responsavelmente e *levando a sério a prática docente*:

> Um professor que não leva a sério sua prática docente, que, por isso mesmo, não estuda e ensina mal o que mal sabe, que não luta para que disponha de condições materiais indispensáveis à sua prática docente, se proíbe de concorrer para a formação da imprescindível disciplina intelectual dos estudantes. Se anula, pois, como professor (Freire, 1997a, p. 83).

Este professor ou professora que não (se) decide, ou que decide não decidir, isto é, não participar ativa e responsavelmente nas decisões político-pedagógicas, imobiliza-se, perde voz, não dialoga; pela

---

12. Em *Professora sim, tia não*, define estudar da seguinte forma: "é um que-fazer exigente em cujo processo se dá uma sucessão de dor, de prazer, de sensação de vitórias, de derrotas, de dúvidas e de alegria. Mas estudar, por isso mesmo, implica a formação de uma disciplina rigorosa que forjamos em nós mesmos, em nosso corpo consciente" (Freire, 1979c, p. 41). Veja-se também o seu texto intitulado "Considerações em torno do ato de estudar", escrito no Chile em 1968 (Freire, 2001a, p. 9-13).

passividade torna-se mais indefeso perante as decisões eventualmente autoritárias de outros e pela sua não exposição sistemática, ou ausência, vai-se silenciando e desprofissionalizando; prescindindo das suas *margens de autonomia relativa* (e das ações com vista ao seu alargamento) vai-se tornando mais isolado e dependente, portanto, menos autônomo e assim, no limite, incapaz de contribuir para a autonomia dos seus alunos, através do exercício de uma pedagogia da autonomia que estimule a prática do diálogo, da discussão e da decisão por parte deles. Uma vez que "ninguém amadurece de repente, aos 25 anos" (Freire, 1996b, p. 121) e que a autonomia é um *processo de amadurecimento do ser*, a prática de uma pedagogia da autonomia revela-se igualmente relevante para professores e alunos, base para o exercício de direitos de cidadania, de soberania e de autogoverno.

No caso dos alunos, criando condições para a sua participação na vida institucional e cultural das escolas, num clima de diálogo, dignidade e respeito,[13] incentivando e apoiando a sua atividade associativa e de intervenção estudantil, partilhando com eles responsabilidades (eticamente e pedagogicamente compatíveis) na governação democrática das escolas, pois como há muito concluiu António Sérgio (1984, p. 41), "quanto maior for a responsabilidade compartilhada ao estudante, maior o valor educativo da autonomia que se lhe dá".[14]

No caso dos professores, por todas as razões já invocadas e pelo seu papel decisivo na reinvenção e redistribuição dos poderes pedagógicos, reforçando a autonomia dos atores em presença, conferindo

---

13. Recorde-se que Paulo Freire foi um adepto do associativismo estudantil, tendo favorecido a criação de "grêmios estudantis". Sobre a problemática da participação discente nas escolas veja-se, entre outros, os dados apresentados por Ballion (1995) para a realidade francesa dos liceus e, para a realidade portuguesa, as investigações apresentadas em Lima (1988 e 1998b).

14. Defensor da concessão de "forais" às escolas (p. 36) e do exercício do *autogoverno escolar*, António Sérgio escrevia na sua *Educação cívica* (cuja primeira edição data de 1915): "o hábito escolar de obedecer a uma governação de que o estudante não participa amolda um futuro cidadão que aguentará apaticamente todas as bandalheiras, todos os abusos, todas as traficâncias [...]" (Sérgio, 1984, p. 41).

a essa autonomia sentido enquanto experiência educativa e cívica, apoiando-se nela para a construção de uma escola democrática; de fato, a autonomia da escola, a autonomia da pedagogia (ou do campo pedagógico), não são concretizáveis à margem da *mobilização organizacional* dos sujeitos pedagógicos, isto é, sem as ações e as decisões, individuais e coletivas, dos indivíduos, grupos e subgrupos concretos, que *fazem* a educação e que *são* a escola.[15]

---

15. Como pertinentemente observa João Barroso (1997, p. 20), "Não há 'autonomia da escola' sem o reconhecimento da 'autonomia dos indivíduos' que a compõem. Ela é, portanto, o resultado da ação concreta dos indivíduos que a constituem, no uso das suas margens de autonomia relativa. Não existe uma 'autonomia' da escola em abstrato, fora da ação autônoma organizada dos seus membros".

8

Autonomia da pedagogia:
as decisões autônomas dos professores, a autonomia das escolas e a democratização dos poderes educativos

A prática de uma pedagogia da autonomia, baseada numa racionalidade comunicativa e dialógica, pressupõe condições (não estritamente pedagógicas) de autonomia, pois não existe *dialogia* sem autonomia. Representa, de fato, uma ilusão pedagogista, ou uma posição de reducionismo didatista, sustentar que é apenas, ou mesmo sobretudo, a partir de intervenções no nível *micro*, de mudanças na sala de aula, de inovações metodológicas ou tecnológicas, que se pode alcançar a autonomia, democratizar a educação e a escola. Ao acentuar-se o "lado humano" da escola, à semelhança de muitas propostas da *Educação Nova* (tal como da *Escola das Relações Humanas* no contexto das teorias organizacionais), insularizando as relações pedagógicas, psicologizando os conflitos e as tentativas da sua gestão orientadas para o consenso, desprezam-se os problemas estruturais e as relações de poder e, por essa via, despolitiza-se a educação e naturaliza-se a organização escolar.

A pedagogia da autonomia, enquanto ação educativa e prática pedagógica, não é passível de realização de forma independente, totalmente e permanentemente desconectada da autonomia da pedagogia, isto é, da autonomia do campo pedagógico, dos atores educativos, da escola.

Não se trata de estabelecer prioridades, ou pré-requisitos, pois de fato a autonomia da pedagogia é tão imprescindível à pedagogia da autonomia como vice-versa, mas exatamente de contrariar soluções "exclusivamente" pedagógicas ou "eminentemente" didáticas para problemas político-educativos e de poder, e também soluções políticas macroestruturais e mudanças morfológicas, pretensamente universais, acima ou para além dos atores concretos e das suas práticas pedagógicas localmente ensaiadas.[1] Tal como não é possível, nem aceitável, democratizar a escola e alcançar a sua autonomia através de práticas e de meios não democráticos — ou "ter um sonho de libertação e usar meios de domesticação" (Freire, 1994c, p. 33) —, também o recurso a práticas, métodos e meios pedagógicos implicitamente (ou potencialmente) democráticos e autonômicos não pode ficar indiferente aos objetivos, aos contextos da sua realização, às estruturas e relações de poder, como se o (bom) uso de bons métodos pedagógicos bastasse para alcançar mudanças políticas e sociais, ou constituísse condição suficiente para atingir os fins pretendidos.

A autonomia da escola, a autonomia dos professores e dos alunos, e de outros atores educativos, concretizando-se através de processos democráticos de tomada de decisões, incidindo sobre todas as áreas

---

1. A propósito das discussões relativas ao *local* e ao *universal*, uma das temáticas a exigir maior atenção e esforço crítico nas investigações em educação, é oportuno considerar a chamada de atenção de Alípio Casali (1998, p. 96), lembrando que a obra de Paulo Freire se universalizou a partir das suas intervenções concretas em nível local: "Daí, o paradoxo: ao realizar bem o particular, Paulo Freire universalizou-se. A universalidade analógica de sua teoria tornou-a significativa para outras situações históricas e culturais, as mais diferenciadas, que têm esse desafio comum: o de contribuir por meio da educação, para o que ele chamava de 'superação das dominações'".

político-educativas (curriculares, didáticas, avaliativas, organizacionais, administrativas etc.), ainda que em graus variáveis, consubstancia-se no exercício de uma pedagogia da autonomia, assegurando-lhe condições para a sua realização livre e democrática mas, sobretudo, traçando-lhe um quadro de valores, objetivos e projetos político-educativos de referência.

Neste sentido, a autonomia da pedagogia (isto é, dos atores, da organização, dos poderes e das decisões, nucleares ao universo pedagógico) é absolutamente essencial à prática da pedagogia da autonomia. E embora, também neste caso, haja que admitir percursos e realizações distintos, sob distintas orientações e em diferentes circunstâncias, não me parece possível admitir uma concepção dicotômica, e muito menos antinômica (embora isso não signifique a ausência de tensões e de conflitos): a pedagogia da autonomia e da decisão constitui-se, necessariamente, como prática autonômica, atualizada por sujeitos pedagógicos democráticos e autônomos (em afirmação e em formação), em contextos de autonomia — de autonomia sempre relativa, em contextos não de independência mas de interdependências, como processo e construção social coletiva e não como artefato ou aquisição definitiva e independente das ações dos atores.

Assim, *pedagogia da autonomia* e *autonomia da pedagogia* surgem como elementos indicotomizáveis, desde que concebidos como realidades necessariamente políticas (porque educativas e pedagógicas), embora podendo apresentar-se, empiricamente, sob distintas formas de associação, em variadas combinações e através de diversos graus de articulação/desarticulação. Em todo o caso, a autonomia da escola e dos atores educativos, a autonomia da pedagogia (do currículo, da avaliação etc.), constitui-se sempre, enquanto ação, como pedagogia (no mínimo implícita) da autonomia, como experiência educativa significante que releva do exercício de práticas de autonomia, tal como do exercício de práticas pedagógicas se espera que relevem experiências de autonomia.

Em face de um projeto de educação libertadora, como o que é proposto por Paulo Freire, compreende-se quão imprescindível se torna a construção de contextos, situações e práticas de *autonomia da pedagogia da autonomia*, estruturados através do diálogo, da reinvenção democrática dos poderes pedagógicos e da superação de assimetrias político-educativas.[2]

Neste processo de autonomização, em direção a uma governação democrática e participativa da escola, e através de uma educação democrática para a emancipação, as ações e decisões docentes, individuais e coletivas, são decisivas. Sem a afirmação continuada da sua autonomia, e sem a permanente luta por ela, à margem da tomada de decisões autônomas por parte de professores autônomos, é impossível construir a autonomia da escola e exercer uma pedagogia da autonomia. Tal como a democratização política e social, também a democratização educativa e escolar não pode nunca ser dada por definitivamente adquirida, ou concluída; ela exige um aprofundamento contínuo, um ensaio constante, a capacidade permanente de afrontar novos problemas, de engendrar desafios e de aceitar (e procurar) correr riscos. O dinamismo e a plasticidade das estruturas democráticas e dos processos de participação, a reinvenção de formas de exercício da cidadania democrática nos universos educativos/escolares, são assim elementos essenciais e, em boa parte, dependentes da intervenção político-pedagógica de professoras e professores.

A autonomia profissional dos professores representa um importante valor, intrínseco à profissão docente, ao reforço da sua profissionalidade, dos seus direitos enquanto trabalhadores docentes e, simultaneamente, um fator indispensável à democratização da escola e ao exercício de práticas pedagógicas comprometidas com a cidadania

---

2. Como escreveu Agostinho dos Reis Monteiro, a educação libertadora caracteriza-se "pela transformação da sua [...] real assimetria em simetria ética, através do diálogo, em que educador e educandos *morrem* para *renascer*" (Monteiro, 1998, p. 126), assinalando muito bem a ideia de *Páscoa* presente na obra de Freire (ver, por exemplo, as referências em Freire, 2001a, p. 125-6).

democrática e a autonomia dos alunos. Incompatível, por isso, com orientações tecnocráticas e concepções mitigadas e instrumentais de autonomia da escola (Lima, 1995b), que se vêm caracterizando pela transferência de novos encargos e responsabilidades em prejuízo da liberdade e do poder docentes (Ball, 1993, p. 75), pela "subserviência pedagógica e curricular", transformando os professores em pouco mais do que "funcionários do sistema" (Ryan, 1993, p. 207-9), encorajando padrões de autoridade escolar que se opõem aos modelos de decisão de tipo colegial (Whitty, Power & Halpin, 1998) e a dispositivos de responsabilização baseados em valores profissionais e em julgamentos de tipo intersubjetivo realizados pelos pares (Woods & Jeffrey, 1996, p. 53). De fato, no quadro de novas políticas de racionalização, de avaliação e de controlo da qualidade (Lima & Afonso, 1993), tem-se verificado que muitos governos vêm atribuindo novas responsabilidades administrativas e financeiras às escolas, mas que estas, entretanto, vão perdendo poderes em outras áreas, como a pedagogia, o currículo e a avaliação,[3] assim se acentuando "as formas externas de controlo e escrutínio sobre o trabalho dos professores" e a "redução da autonomia da profissão docente" (Sanches, 1995, p. 42 e 45).

A racionalização e a modernização da educação, frequentemente defendidas com o pretexto de *desburocratizar* a escola, de a tornar mais permeável às *necessidades* da economia e aos interesses empresariais, vem conduzindo em muitos países a uma forte instrumentalização e fragmentação dos conteúdos curriculares, e a uma redução da autonomia dos professores e dos alunos (cf. Power & Whitty, 1999). Profundamente criticado por Paulo Freire, este paradigma da *educação empresarial*,[4]

---

3. Veja-se o esclarecedor estudo sobre cinco países (Inglaterra e Gales, Austrália, Nova Zelândia, Estados Unidos, Suécia), apresentado em Whitty, Power & Halpin (1998). Para uma discussão da situação portuguesa, entre 1986 e 1996, centrada na evolução da administração do sistema educativo e das escolas, cf. Lima (1998c).

4. Para uma tentativa de relacionação entre as propostas de Freire e a "educação empresarial" veja-se o trabalho de Alan Gibson (1994). Embora o exercício contenha virtualidades, a verdade é que o autor incorre num certo reducionismo, despolitizando a "educação empresarial" e ad-

subordinado a objetivos de eficácia e de eficiência de tipo produtivista, ignora o ser humano e tende a reduzi-lo a um simples "fator" ou "puro agente económico", subvertendo o carácter democrático do ato pedagógico a uma "lógica de controlo", tradicional e típica da racionalidade económica e da ação empresarial (Gadotti, 1998, p. 116). Neste contexto, embora insistentemente defendida, a ideia de *autonomia* é reconvertida ao estatuto de "ideologia de conveniência";[5] em vez de significar *ingerência*, participação ativa nos processos de decisão, por forma a transformar as escolas (entendidas como instâncias periféricas) em centros de decisão político-educativos, antes é apresentada como elogio da diversidade na execução periférica das orientações centralmente definidas, das decisões centrais (Lima, 1999), bem como da capacidade de adaptação funcional a novos interesses emergentes.[6]

Em contextos diversos que, não obstante as suas diversidades e especificidades, podem também em graus variados partilhar elementos característicos daquilo que já foi apelidado de "assalto neoliberal à educação" (Silva, 1996, p. 251-8), as decisões político-educativas, autônomas, dos docentes, embora imprescindíveis em termos de de-

---

mitindo o seu caráter neutral (p. 49); e embora reconheça a dimensão política das propostas de Freire, tende no entanto a acentuar as vertentes metodológicas e didáticas do seu trabalho (assim relativamente desencarnadas), por esta via procurando realçar semelhanças entre "elementos básicos do processo educativo" (p. 51).

5. Expressão criticamente utilizada por Celestino Silva Junior, para quem esta situação significa: "'conferir' autonomia às escolas, vinculada, naturalmente, a um 'contrato de gestão'; que tal 'contrato' supõe a adoção de um novo 'padrão de gestão'; que o novo 'padrão de gestão' supõe salários diferenciados por decorrência da avaliação de desempenho; que a avaliação do desempenho da escola e de seus trabalhadores será também uma decorrência da avaliação do desempenho dos seus alunos em exames pós-curso de caráter nacional; que não apenas os salários, mas também as demais dotações orçamentárias para as escolas deverão variar em função de 'sua produtividade'; que os educadores do ensino público devem rever sua resistência em aceitar a presença de empresários e representantes de segmentos do ensino privado nas negociações destinadas à produção de consensos" (Silva Junior, 1996, p. 88-9).

6. Por esta razão afirma José Contreras com pertinência: "Talvez o mais necessário e urgente, mais que inventar procedimentos de 'autonomização do outro', seja apoiar a elaboração de vozes públicas nas quais a discussão pública, política, sobre a educação não esteja instrumentalizada por interesses estranhos" (Contreras, 1999, p. 72-3).

mocratização, evidenciam limitações. Se é verdade que o aprofundamento das autonomias educativas se encontra muito dependente das ações concretas que os professores desenvolvem, isso não significa que as mudanças político-educativas possam, voluntaristicamente e heroicamente, ser apenas concretizadas por eles, de forma isolada em face de outros atores e poderes educativos, sobretudo num quadro global e perante opções políticas orientadas em sentido inverso. Docentes, e mesmo outros atores educativos, seriam desta forma unilateralmente responsabilizados, ignorando-se os constrangimentos existentes, desprezando-se assimetrias de poder, homogeneizando-se objetivos e interesses e, simultaneamente, atribuindo ao Estado, aos governos e administrações, um papel pretensamente neutro (Lima, 1998c). A autonomia das escolas não representa uma conquista digna de heróis, não é um prêmio para atores performativos, nem uma aquisição resultante do merecimento de docentes interessados e diligentes; não é, enfim, um ato de liberalidade dos governos, magnanimamente capazes de redistribuírem e devolverem poderes de decisão.

Pelo contrário, a redistribuição de poderes de decisão e a estruturação democrática de regras e de relações sociais de interdependência, de diálogo e de negociação, exigem uma intervenção ativa de todas as partes envolvidas, projetos e vontades políticas. A autonomia democrática não é uma mera concessão, nem é aquisição exclusiva de professores para seu uso exclusivo; a autonomia da escola, no quadro da democratização dos poderes educativos, não resulta da intervenção unilateral e singular dos governos e das administrações centrais, ou supraorganizacionais, tal como não é sinônimo de atomização da escola, de fechamento e de exercício solitário do poder por parte dos professores, ou de quaisquer outros atores isolados e organizados exclusivamente segundo categorias ou estatutos homogêneos e exclusivos.[7]

---

7. Como esclarece João Barroso (1997, p. 20), "A autonomia da escola não é a autonomia dos professores, ou a autonomia dos pais, ou a autonomia dos gestores. A autonomia é um *campo de forças*, onde se confrontam e equilibram diferentes detentores de influência (externa e interna)

Creio, de resto, que isolados (e muito menos em oposição sistemática em face de outros atores e interesses educativos), os docentes dificilmente se sucederão na *tomada da palavra* nas escolas, enquanto ato de participação legítima nas decisões político-educativas; mais do que uma tentativa de *tomada do poder*, a sua ação visará a *transformação do poder* (Freire & Macedo, 1990, p. 36), a redistribuição democrática dos poderes de decidir sobre os problemas educativos, designadamente no interior das escolas. Necessariamente *com* outros, e não *sobre* outros, procurando construir coletivamente regras e estruturas mais livres, justas e democráticas, um futuro mais próximo e mais inventável e manejável por parte dos atores escolares organizacionalmente localizados. Participando, na escola e em seu contexto comunitário, na construção de uma *obra própria* e não apenas na pressuposta reprodução de uma *obra alheia*, ou seja, coconstruindo a escola democrática, produzindo regras e estruturas de autonomia em regime de coautoria diante de políticas, interesses e objetivos de âmbito nacional ou regional (Lima, 1996b).

O diálogo e a discussão, enquanto bases indispensáveis à partilha e à construção coletiva do conhecimento (numa pedagogia da autonomia), revelam-se igualmente centrais à prática de uma administração escolar democrática, tal como Freire refletiu e procurou ensaiar nas suas intervenções político-administrativas em favor da autonomia da pedagogia e da escola.[8] Neste sentido se pode falar de uma "administração dialógica",[9] orientada para a discussão e a decisão democráticas, comprometida com o ensino e a aprendizagem da decisão através da

---

dos quais se destacam: o governo, a administração, professores, alunos, pais e outros membros da sociedade local".

8. Num importante estudo sobre a ação de Paulo Freire na cidade de São Paulo, O'Cadiz, Wong & Torres (1998, p. 91) afirmam: "Ao nível administrativo o diálogo era visto como o meio para desenvolver relações mais democráticas entre os atores educacionais envolvidos e como metodologia para comprometer administradores, professores, estudantes e comunidade num processo coletivo de troca de conhecimento e de construção de conhecimento".

9. Segundo Benno Sander (1995, p. 100), "No contexto da tradição do conflito na Sociologia e na educação, a administração dialógica é uma construção alternativa, tanto para a administra-

prática de decisões, com uma pedagogia da autonomia enquanto pedagogia politizada, articulando profundamente política educativa e educação política, governo e administração escolares, autonomia e pedagogia, assim devolvendo centralidade educativo-pedagógica e político-administrativa à escola, como instância *auto*-organizada e *locus* de produção de políticas educacionais. Políticas educacionais que, tal como Freire nos ensina, exigem suporte organizacional e ação administrativa; tal como as práticas de administração e gestão escolares, seja em que nível for, não podem escapar à condição de práticas de política educacional.

Administrar a educação e gerir as escolas, tal como ensinar, são tarefas político-pedagógicas, implicando um trabalho educativo; ora tal como Paulo Freire deixou muito claro,[10] o trabalho educativo não pode existir sem opção política.

ção estruturalista como para a administração interpretativa, tratando de superar, respetivamente, o determinismo econômico e o determinismo antropológico que lhe são inerentes".

10. A título de exemplo, e em registo informal, veja-se o conjunto de diálogos organizados por Nogueira & Geraldi (1990), onde esta questão é abordada e Paulo Freire reflete sobre a sua experiência como administrador escolar.

9

Considerações finais:
crítica à educação indecisa

Como vimos, o último livro que publicou — *Pedagogia da autonomia. Saberes necessários à prática educativa* (Freire, 1996b) —, especialmente o seu capítulo terceiro, intitulado "Ensinar é uma especificidade humana", tal como uma boa parte da sua obra, pode, globalmente, ser interpretada como uma crítica veemente à *educação indecisa*. Neste sentido, aquele livro bem poderia ter sido intitulado *Pedagogia da decisão*, versando sobre os saberes necessários à prática da educação como deliberação individual e coletiva, de educadores e também de educandos, em processo de construção da sua autonomia. Uma pedagogia da decisão exige, segundo Freire, a prática democrática da decisão, não apenas enquanto processo político de democratização dos poderes educativos e de exercício da autonomia democrática, mas também enquanto processo pedagógico, aprendendo a democracia pela prática da participação na decisão, como defendeu em *Cartas a Cristina* (Freire, 1994a, p. 117), exatamente por admitir que "É decidindo que se aprende a decidir" (Freire, 1996b, p. 119).

Com efeito, em *Pedagogia da autonomia* Freire revisita problemas que o haviam ocupado ao longo das três décadas anteriores, razão pela qual creio que uma leitura insular desta obra, embora sendo possível e, até, não lhe retirando impacto, será porém incapaz de aceder aos níveis mais profundos e elaborados da sua construção. O livrinho aparentemente simples e acessível que, na verdade, nunca deixa de ser, transfigura-se aos olhos de quem conhece Freire na sua plenitude intelectual e na sua sofisticação argumentativa, parecendo encerrar uma dupla condição: a de introdução à reflexão crítica sobre o ato de ensinar e também a de síntese, revisitação e recontextualização de alguns dos tópicos centrais à obra escrita que edificou desde a década de 1960, e especialmente da década seguinte e da publicação de *Pedagogia do oprimido*. Certamente desde a sua *Educação como prática da liberdade*, cuja primeira versão, em edição de autor, data de 1959 (só integralmente publicada em 2001, já após a sua morte — cf. Freire, 2001a), onde seminalmente fez depender a aprendizagem da democracia das práticas de participação enquanto ato de "ingerência", e por isso de "emersão", considerando os possíveis contributos da educação, especialmente através de experiências de debate e de análise dos problemas com vista à "verdadeira participação" (Freire, 1967, p. 92-3). Mas já com outra energia crítica, no seu livro clássico, *Pedagogia do oprimido* (Freire, 1999), afirmou-se adepto da "organização verdadeira" e de uma concepção de democracia radical assente na participação como "ingerência" nos processos de decisão, razão pela qual desferiu violentas críticas às teorias elitistas e procedimentalistas da democracia[1]. Em *Extensão ou comunicação?* (Freire, 1975a), não poupou críticas às lideranças de tipo dirigista e vanguardista, bem como a todas as formas de "domesticação" (a conquista, o *slogan*, a propaganda...) e a

---

1. Incluindo aquilo a que, na esteira de Tragtenberg (1989), se pode designar por "participacionismo". Também Carlos Nuñez (1999, p. 220), depois de inventariar e criticar formas de pseudoparticipação, afirma: "[...] participação é ter a capacidade de decidir, controlar, executar e avaliar os processos e seus projetos; se não há capacidade de decisão e de controlo, estaremos a falar no máximo de uma participação reativa... mas nunca substantiva."

todo o tipo de organizações burocráticas e oligárquicas (ver, a este propósito, as interpretações que apresentei em Lima, 2005).

A *educação indecisa*, ou seja, a educação a que falta a decisão ou deliberação dos atores educativos e a sua ação, seja por omissão destes, seja por força da ação de atores outros, mais poderosos, que assim são capazes de remeter os primeiros para o quadro opressivo de uma educação heterônoma, regulada por outrem, revela-se uma educação subordinada e, frequentemente, alienada. A própria centralização política e administrativa da educação retira aos atores educativos, em contextos específicos de ação, a legitimidade de tomar decisões autônomas e a possibilidade de adotar formas de autogoverno.[2] Ora, no limite, uma educação heterônoma e indecisa inviabiliza uma educação para a democracia e para a participação de sujeitos críticos e autônomos, capazes de decisões substantivas e eticamente responsáveis.

A não decisão e a inação, a passividade e a acomodação, o imobilismo e a irresolução representam obstáculos incontornáveis a uma concepção crítica, problematizadora e libertadora de educação, como é a de Freire,[3] pois é impossível educar e ensinar sem deliberar sobre múltiplos aspectos de ordem político-educativa, ético-moral, afetivo--comunicativa, pedagógico-didática. Ensinar é, portanto, necessariamente tomar decisões, tanto individualmente quanto com outros profissionais e, em certos casos, também mesmo com a comunidade, os alunos e suas famílias. Não é, por isso mesmo, um ato puramente

---

2. Como esclarece no livro à *Sombra desta mangueira*, "estruturas administrativas a serviço do poder centralizado não favorecem procedimentos democráticos. Um dos papéis das lideranças democráticas é, precisamente, superar os esquemas autoritários e propiciar tomadas de decisão de natureza dialógica. O *centralismo* brasileiro, contra que tanto lutou Anísio Teixeira, expressa nossas tradições autoritárias e as alimenta" (Freire, 2000a, p. 45). Para o estudo das influências que recebeu de Anísio Teixeira veja-se, entre outros, o trabalho de Beisiegel (1992, p. 96-8).

3. Relativamente à acomodação, Freire refere-se-lhe da seguinte forma em *Pedagogia da indignação*: "[...] é a expressão da desistência da luta pela mudança. Falta a quem se acomoda, ou em quem se acomoda fraqueja, a capacidade de *resistir*. É mais fácil a quem deixou de resistir ou a quem sequer foi possível em algum tempo resistir aconchegar-se na mornidão da impossibilidade do que assumir a briga permanente e quase sempre desigual em favor da justiça e da ética" (Freire, 2000b, p. 41).

técnico, desligado da política e da ideologia. Assim, a pedagogia da autonomia é, sem dúvida, uma pedagogia da decisão. A capacidade de deliberar, designadamente por parte de educadoras e professores, é inerente à ação de formar, à criação de oportunidades educativas, à possibilidade de transitar da heteronomia para a autonomia. Um professor imobilizado e permanentemente indeciso, eventualmente imerso numa ideologia fatalista, revela-se uma contradição nos termos; é um educador *indecisivo*, isto é, que não é capaz de decidir e de se decidir a arriscar e a romper, a optar a favor ou contra alguma coisa, restando-lhe uma posição ambígua, dúbia, hesitante. Daqui releva um estatuto indefinido, pouco nítido, vago, "acinzentado" ou pretensamente "imparcial", como dizia Freire, resultando numa educação velada, de sombras, ou seja, em ideologia ocultadora capaz de "penumbrar ou opacizar a realidade ao mesmo tempo em que nos torna *míopes*" (Freire, 1996b, p. 142).

É difícil, em tais condições, educar para a liberdade, na ausência de práticas de liberdade de educadores e de educandos e, pelo contrário, é mais plausível encontrá-los subordinados pelas prescrições de outros, paralisados na ação de pensar e de buscar novas possibilidades, esmagados por rituais de obediência cega, por injunções pedagógicas estranhas ou por tecnicismos didáticos alienantes. Em certo sentido, é mesmo mais plausível encontrá-los numa situação próxima da de "oprimidos", segundo a conceitualização de Freire (1999, p. 35), sem voz, "castrados no seu poder de criar e de recriar, no seu poder de transformar o mundo". Daqui pode resultar o "medo da liberdade", referido logo nas primeiras palavras da *Pedagogia do oprimido* (Freire, 1999, p. 23), certamente congruente com a "educação bancária", com a *anestesia* e a *inibição* da capacidade transformadora, da *reflexão crítica* e do *desvelamento da realidade*, mas incongruente com uma "educação problematizadora" que busca a "*emersão* das consciências, de que resulte sua *inserção crítica* na realidade" (ibid., p. 70).

O "medo da liberdade", que Freire associa à "imersão" na realidade, ao fatalismo e à "desproblematização" do futuro, descrendo nas possibilidades de mudança, é afinal correlativo do "medo de existir", segundo a definição do filósofo português José Gil. Na sua crítica contundente "da vocação lusitana para o não acontecimento" (Gil, 2005, p. 85), este autor critica igualmente a "não inscrição", a não decisão, a irresponsabilidade e a infantilização resultantes de uma educação autoritária:

> A não inscrição não data de agora, é um velho hábito que vem sobretudo da recusa imposta ao indivíduo de se inscrever. Porque inscrever implica ação, afirmação, decisão com as quais o indivíduo conquista autonomia e sentido para a sua existência. Foi o salazarismo que nos ensinou a irresponsabilidade — reduzindo-nos a crianças, crianças grandes, adultos infantilizados (ibid., p. 17).

Em Freire, como em Gil, não obstante as diferenças do olhar, do tempo e dos argumentos, é a educação *do* e *como* "regime do medo" que *esmaga* e torna os sujeitos acomodados, *medrosos*, *incapazes* de decidir e de agir. A aquiescência e, quando muito, a resistência passiva são o resultado do programa de condicionamento e do processo de "invasão cultural" de uma educação *mutilada da liberdade* e, simultaneamente, o cerne de uma pedagogia autoritária; quaisquer que sejam os ideais aparentemente democráticos e humanistas que afirma perseguir e os objetivos de modernização econômica e gerencial, de competitividade e de "qualificação", ou "capacitação", típicos do que venho designando de "mão direita da educação ao longo da vida" (Lima, 2007). Em ambos os autores se registra, curiosamente, o recurso à metáfora do *nevoeiro*. Em Freire (1996b, p. 142) para significar a ocultação da verdade pela ideologia (na acepção marxiana de falsa consciência):

> O poder da ideologia me faz pensar nessas manhãs orvalhadas de nevoeiro em que mal vemos o perfil dos ciprestes como sombras que parecem muito mais manchas das sombras mesmas. Sabemos que há algo metido na penumbra mas não o divisamos bem. A própria *miopia* que nos acomete dificulta a percepção mais clara, mais nítida da sombra.

Com Gil (2005, p. 18-19), remetendo para a consciência "fragmentada", aquietada e muda, embrenhada na bruma:

> E se tudo se desenrola sem que os conflitos rebentem, sem que as consciências gritem, é porque tudo entra na impunidade do tempo — como se o tempo trouxesse, *imediatamente*, no presente, o esquecimento do que está à vista, presente. Como é isto possível? É possível porque as consciências vivem no *nevoeiro*.

A *educação indecisa* é, portanto, uma educação *enevoada*, que mascara ou ignora a sua "politicidade" e o seu carácter necessariamente "diretivo", nos termos propostos por Freire, isto é, que denega a "qualidade que tem a prática educativa de ser *política*, de não poder ser neutra" (Freire, 1996b, p. 78). Pelo contrário, como observou István Mészáros (1975, p. 289-90), "transcender positivamente a alienação constitui, em última análise, uma tarefa educativa", tarefa que, por isso, não coincide apenas com "interiorização", "adaptação" e "estabilização" visando a produção de "habilidades" economicamente valorizáveis e a formação de quadros, através de métodos orientados para o controle político (ibid., p. 303). É por essa razão que, segundo Freire (1996b, p. 108-10), o educador tem o direito e o dever de decidir, de não se omitir, de se comprometer:

> Minha presença de professor, que não pode passar despercebida dos alunos na classe e na escola, é uma presença em si política. Enquanto presença não posso ser uma *omissão* mas um sujeito de *opções* (ibid., p. 110).

Isso não acarreta uma concepção demiúrgica e puramente voluntarista do papel dos educadores, indiferentes aos obstáculos à mudança e às práticas autônomas de decisão, até pelo fato de a educação ter limites e *não poder tudo*, não obstante o renovado pedagogismo de raiz econômica e gerencial que hoje se revela dominante ou, como afirmou

Basil Bernstein (2001), apesar da emergência de uma "sociedade totalmente pedagogizada". Contudo, afirma Freire (1996b, p. 126),

> se a educação não é a chave das transformações sociais, não é também simplesmente reprodução da ideologia dominante.

É no quadro desta tensão que será possível engendrar alternativas, embora acarretando sempre certos riscos. Como Freire concebe a educação enquanto política cultural, *lato sensu* entendida, ou seja, como "forma de intervenção no mundo" (ibid., p. 88), uma atitude permanente de constatação e de acomodação, típica de espectador, não deixará de representar uma opção política e axiológica: a opção por *decidir não decidir* autonomamente e conscientemente, por alienar a "responsabilidade ética" na docência, por preferir a "não inscrição", por escolher a "neutralidade insossa", por simplesmente "lavar as mãos"[4]. Um verdadeiro programa político, como se pode concluir, mesmo quando dissimulado sob a capa da neutralidade ou, ingenuamente, do respeito pela normatividade, ou pela mera conformidade diante de prescrições heterônomas.

Ao invés, o autor entende que "ensinar exige tomada consciente de decisões" (ibid., p. 122), não apenas do ponto de vista político mais geral, mas nele incluindo a "retidão ética", a "força moral", a "competência profissional" e a "autoridade" do professor. Contrariando abertamente as representações conservadoras e os respectivos ataques dirigidos às pedagogias que, pejorativamente, vêm nos últimos anos sendo apelidadas de "românticas" e "progressistas", Freire não vê contradição entre uma escola simultaneamente "séria" e "alegre", entre o "ensino dos conteúdos" e a "formação ética dos educandos", entre "liberdade" e "autoridade".

---

4. Ao contrário, declara o autor: "Não posso estar no mundo de luvas nas mãos *constatando* apenas" (Freire, 2000b, p. 80).

No que concerne à seriedade, à alegria e à afetividade na escola, o autor é claro, recusando qualquer tipo de incompatibilidade. De resto, para ele "ensinar exige querer bem aos educandos" e "A prática educativa é tudo isso: afetividade, alegria, capacidade científica, domínio técnico a serviço da mudança ou, lamentavelmente, da permanência do hoje" (ibid., p. 161).

Com efeito, a escola antiga e a velha pedagogia, recentemente elogiadas por vários setores que, de resto, já não chegaram a conhecê-las em toda a sua plenitude, fizeram frequentemente evacuar das práticas educativas toda a réstia de alegria juvenil, substituindo-a pela opressão, pela rotina e pelo aborrecimento, tal como foi criticamente registado, por vezes em termos duríssimos, por inúmeros autores. Lembro, a este propósito, o escritor vienense Stefan Zweig (2005, p. 43), que escreveu: "Não me consigo lembrar de alguma vez me ter sentido *alegre* ou *ditoso* no meio daquela atividade escolar monótona, sem coração e sem espírito […] o único momento de felicidade realmente libertadora que devo agradecer à escola foi o dia em que fechei para sempre a sua porta atrás de mim". E para quem, de uma escola dos finais do século XIX, pretenda recuar aos colégios dos padres-mestres, por exemplo no Brasil de meados do século XVI, poderá encontrar várias descrições esclarecedoras desse fundo rigorista e violento que tomou conta da educação durante séculos, através de "escolas-campos de batalha", onde a vara marcava o compasso das práticas de emulação entre os alunos, consoante o estudo de Gilberto Freyre (1936, p. 87-116), em *Sobrados e mucambos*.

Quanto à competência profissional, Freire entende que a formação é um dever indeclinável do professor e que a incompetência só pode desqualificá-lo:

> O professor que não leve a sério a sua formação, que não estude, que não se esforce para estar à altura de sua tarefa não tem força moral para coordenar as atividades de sua classe (ibid., p. 103).

Relativamente ao estudo, trinta anos antes, então exilado no Chile, Freire tinha escrito, a propósito da organização de uma bibliografia para um seminário internacional, um pequeno, mas notável, texto intitulado "Considerações em torno do ato de estudar". Aí defendeu que estudar é difícil e exige disciplina e esforço, mas, simultaneamente, exige a liberdade do estudante, o seu *enfrentamento* político e ideológico com os autores, os textos e seus contextos, uma vez que "Estudar não é um ato de consumir ideias, mas de criá-las e recriá-las" (Freire, 2001a, p. 13). Também aqui, decidir *o que* se lê, e *como* se lê, se revela uma tarefa central, demandando uma atitude ativa e responsável, não de objeto, mas antes de sujeito que não aceita "alienar-se ao texto". Por tudo isso, concluiu o autor (ibid., p. 10):

> Estudar é, realmente, um trabalho difícil. Exige de quem o faz uma postura crítica, sistemática. Exige uma disciplina intelectual que não se ganha a não ser praticando-a.
> Isto é, precisamente, o que a *educação bancária* não estimula. Pelo contrário, a sua tônica reside fundamentalmente em matar nos educandos a curiosidade, o espírito investigador, a criatividade. Sua *disciplina* é a disciplina para a ingenuidade em face do texto, não para a indispensável criticidade.

A defesa da "indispensável disciplina" é, em Freire, assumida enquanto elemento constituinte da "autoridade democrática", sendo esta que lhe confere o caráter de "boa disciplina". Se a autoridade democrática "recusa, de um lado, silenciar a liberdade dos educandos, rejeita, de outro, a sua supressão do processo de construção da boa disciplina" (Freire, 1996b, p. 105). Uma vez mais deparamos com a perspectiva dialética de Freire, ao defender que *autoridade* e *liberdade* são indispensáveis à prática educativa; a autoridade sem liberdade tende a ser transformada em *autoritarismo*, ao passo que a liberdade, à margem da autoridade, pode vir a resultar em *licenciosidade*:

É interessante observar como, de modo geral, os autoritários consideram, amiúde, o respeito indispensável à liberdade como expressão de incorrigível espontaneísmo e os licenciosos descobrem autoritarismo em toda manifestação legítima da autoridade. A posição mais difícil, indiscutivelmente correta, é a do democrata, coerente com seu sonho solidário e igualitário, para quem não é possível autoridade sem liberdade e esta sem aquela (ibid., p. 122).

A autoridade docente democrática exige, nesta perspectiva, liberdade, segurança, competência profissional e generosidade, capacidade de decisão, pois "Ninguém é autônomo primeiro para depois decidir" (ibid., p. 120). A autonomia, portanto, implica decisão, liberdade, autoridade e responsabilidade:

> A autonomia, enquanto amadurecimento do ser para si, é processo, é vir a ser. Não ocorre em data marcada. É neste sentido que uma pedagogia da autonomia tem de estar centrada em experiências estimuladoras da decisão e da responsabilidade, vale dizer, em experiências respeitosas da liberdade (ibid., p. 121).

Uma *educação indecisa*, seja enquanto prática impotente para tomar decisões, arriscar ou romper, seja como prática pretensamente neutral, indefinida ou "acinzentada", afirma-se como uma educação despolitizada e subordinada à heteronomia. Em contradição plena com a educação democrática e com a pedagogia da decisão e da autonomia que a obra de Paulo Freire propõe, alicerçada na ideia simples e aparentemente óbvia, mas com grande repercussão teórica e prática, de que como seres humanos somos *condicionados*, mas não *determinados*, única condição que, verdadeiramente, permite problematizar o presente e o futuro, desnaturalizando-os, bem como atribuir protagonismo e responsabilidade à autonomia e à decisão. Autonomia e capacidade de decisão que, em última análise, embora em graus variados e proporcionais de responsabilidade, implicam desde logo os próprios educandos, uma vez que, como entre outros observou Mészáros (1975, p. 189), nós não podemos ser educados sem a nossa participação ativa no processo. Esta é a razão pela qual uma concepção problematizadora de educação, segundo Paulo Freire, parte da proposição de que "ninguém educa ninguém, como tampouco ninguém se educa a si mesmo: os homens se educam em comunhão, mediatizados pelo mundo" (Freire, 1999, p. 68). Aqui reside o cerne da rutura com a verticalidade da "educação bancária", que tanto criticou, de forma a poder edificar uma *educação como prática da liberdade*, através de uma pedagogia da autonomia e da decisão.

Referências bibliográficas e documentais

AFONSO, Almerindo J. O novo modelo de gestão das escolas e a conexão tardia à ideologia neoliberal. *Revista Portuguesa de Educação*, v. 8, n. 1, p. 73-86, 1995.

_____. *Políticas educativas e avaliação educacional. Para uma análise sociológica da reforma educativa em Portugal (1985-1995)*. Braga: Universidade do Minho, 1998.

ALLMAN, Paula. Paulo Freire's Contributions to Radical Adult Education. *Studies in the Education of Adults*, v. 26, n. 2, p. 144-61, 1994.

ALVESSON, Mats; WILLMOTT, Hugh. *Making Sense of Management. A Critical Introduction*. Londres: Sage, 1996.

APPLE, Michael W. Freire, neoliberalismo e educação. In: APPLE, M. W.; NÓVOA, A. (Orgs.). *Paulo Freire*: política e pedagogia. Porto: Porto Editora, 1998. p. 21-45.

ARANOWITZ, Stanley. Paulo Freire's Radical Democratic Humanism. In: McLAREN, P.; LEONARD, P. (Orgs.). *Paulo Freire*: A Critical Encounter. Londres: Routledge, 1993. p. 8-24.

BALL, Stephen. Culture, Cost and Control: Self-management and entrepreneurial schooling in England and Wales. In: SMYTH, J. (Org.). *A Socially Critical View of the Self-managing School*. Londres: The Falmer Press, 1993. p. 63-82.

BALLION, Robert. *Le Lycée, Une Cité à Construire*. Paris: Hachette, 1995.

BARROSO, João. O estudo da autonomia da escola: da autonomia decretada à autonomia construída. In: BARROSO, J. (Org.). *O estudo da escola*. Porto: Porto Editora, 1996. p. 167-189.

_____. *Autonomia e gestão das escolas*. Lisboa: Ministério da Educação, 1997.

BEISIEGEL, Celso de Rui. *Política e educação popular (A teoria e a prática de Paulo Freire no Brasil)*. São Paulo: Ática, 1992.

BENSON, J. Kenneth. Organizations: A Dialectical View. *Administrative Science Quarterly*, n. 22, p. 1-21, 1977.

BERNSTEIN, Basil. Das pedagogias aos conhecimentos. *Educação, Sociedade & Culturas*, n. 15, p. 9-17, 2001.

BOBBIO, Norberto. *O futuro da democracia*. Lisboa: Publicações Dom Quixote, 1988.

BROADFOOT, Patricia. Educational Assessment: The myth of measurement. In: WOODS, P. (Org.). *Contemporary Issues in Teaching and Learning*. Londres: Routledge with The Open University, 1996. p. 203-30.

BURDEAU, Georges. *A democracia*. Lisboa: Publicações Europa-América, 1975.

CAMARGO, Elizabete. Editorial. Paulo Freire (19.9.1921/2.5.1997). *Educação & Sociedade*, ano XVIII, n. 60, p. 7-11, 1997.

CAMPOS, Fátima. Paulo Freire: atualidade e urgência da sua práxis e do seu discurso. *Revista de Educação*, III, n. 1, p. 9-26, 1998.

CASALI, Alípio. Paulo Freire: o educador na história. *Educação, Sociedade & Culturas*, n. 10, p. 95-109, 1998.

CLEGG, Stewart R. Power Relations and the Construction of the Resistance Subject. In: KNIGHTS, J. M.; NORD, W. R. (Orgs.). *Resistance and Power in Organizations*. Londres: Routledge, 1994. p. 274-325.

CONTRERAS, José. Autonomía por decreto? Paradojas en la redefinición del trabajo del profesorado. In: BARBOSA, M. (Coord.). *Olhares sobre educação, autonomia e cidadania*. Braga: Instituto de Educação e Psicologia da Universidade do Minho, 1999. p. 29-77.

COOPER, Gillian. Freire and Theology. *Studies in the Education of Adults*, v. 27, n. 1, p. 66-78, 1995.

EVERS, Colin W.; LAKOMSKI, Gabriele. *Knowing Educational Administration. Contemporary Methodological Controversies in Educational Administration Research.* Oxford: Pergamon Press, 1991.

FREIRE, Ana Maria Araújo. *Paulo Freire*: uma história de vida. Indaiatuba: Villa das Letras, 2006.

FREIRE, Paulo. *A propósito de uma administração*. Recife: Imprensa Universitária, 1961.

_____. *Educação como prática da liberdade*. Rio de Janeiro: Paz e Terra, 1967.

_____. *Extensão ou comunicação?* Rio de Janeiro: Paz e Terra, 1975a (1. ed. 1969).

_____. *Pedagogia do oprimido*. Porto: Afrontamento, 1975b.

_____. *Cartas à Guiné-Bissau. Registros de uma experiência em processo.* 4. ed. Rio de Janeiro: Paz e Terra, 1978.

_____. Criando métodos de pesquisa alternativa: aprendendo a fazê-la melhor através da ação. In: BRANDÃO, Rodrigues C. (Org.). *Pesquisa participante*. São Paulo: Brasiliense, 1981. p. 34-41.

_____. *The Politics of Education, Culture, Power, and Liberation*. Nova York: Bergin & Garvey, 1985.

_____. Sobre educação popular: entrevista com Paulo Freire. In: TORRES, Rosa Maria (Org.). *Educação popular: um encontro com Paulo Freire.* São Paulo: Loyola, 1987. p. 69-108.

_____. *Educação e mudança*. São Paulo: Paz e Terra, 1988 (1. ed. 1979).

_____. *A educação na cidade*. São Paulo: Cortez, 1991.

_____. Foreword. In: McLAREN, P.; LEONARD, P. (Eds.). *Paulo Freire*: A Critical Encounter. Londres: Routledge, 1993. p. IX-XII.

_____. *Cartas a Cristina*. Rio de Janeiro: Paz e Terra, 1994a.

_____. In: Paulo Freire & Frei Betto. *Essa escola chamada vida. Depoimentos ao repórter Ricardo Kotscho.* São Paulo: Ática, 1994b (1. ed. de 1985).

_____. In: M. Escobar, A. L. Fernández, G. Guevara-Niebla with P. Freire. *Paulo Freire on Higher Education. A Dialogue at the National University of Mexico.* Albany: Suny Press, 1994c.

FREIRE, Paulo. Educação e participação comunitária. *Inovação*, n. 9, 1996a, p. 305-12.

_____. *Pedagogia da autonomia. Saberes necessários à prática educativa.* São Paulo: Paz e Terra, 1996b.

_____. *Pedagogia da esperança. Um reencontro com a pedagogia do oprimido.* São Paulo: Paz e Terra, 1997a (1. ed. 1992).

_____. *A importância do ato de ler, em três artigos que se completam.* São Paulo: Cortez, 1997b (1. ed. 1982).

_____. *Professora sim, tia não. Cartas a quem ousa ensinar.* São Paulo: Olho d'Água, 1997c (1. ed. 1993).

_____. Nós somos seres da briga. *Público*, 4 maio 1997, 1997d, p. 36-7 (entrevista concedida a João Pedro Serafim).

_____. Trechos da intervenção de Paulo Freire no Seminário Internacional sobre *O Simbólico e o Diabólico*, realizado em 1996, nas Comemorações dos 50 Anos da Pontifícia Universidade Católica de São Paulo. In: TV PUC — Televisão Comunitária da Pontifícia Universidade Católica de São Paulo, *Paulo Freire — "In Memoriam"* (registro video), 1997e.

_____. Entrevista concedida à Jornalista Luciana Burlamaqui. In: TV PUC — Televisão Comunitária da Pontifícia Universidade Católica de São Paulo, *Paulo Freire — "In Memoriam"* (registro vídeo), 1997f.

_____. *Pedagogia do oprimido.* 17. ed. Rio de Janeiro: Paz e Terra, 1999.

_____. *À sombra desta mangueira.* 3. ed. São Paulo: Olho d'Água, 2000a.

_____. *Pedagogia da indignação. Cartas pedagógicas e outros escritos.* São Paulo: Editora Unesp, 2000b.

_____. *Ação cultural para a liberdade e outros escritos.* 9. ed. São Paulo: Paz e Terra, 2001a (1. ed. 1975).

_____. *Educação e atualidade brasileira.* São Paulo: Cortez, 2001b.

_____. *Pedagogia da tolerância.* São Paulo: Editora Unesp (Dir., org., apres. e notas de Ana Maria Araújo Freire), 2005.

FREIRE, Paulo; GIROUX, Henry A. Pedagogy, Popular Culture, and Public Life: an introduction. In: GIROUX, Henry A.; SIMON, Roger I. et. al. *Popular*

Culture, Schooling, and Everyday Life. Nova York: Bergin & Garvey, 1989. p. VII-XII.

FREIRE, Paulo; MACEDO, Donaldo. *Alfabetização. Leitura do mundo, leitura da palavra.* São Paulo: Paz e Terra, 1990 (1. ed. 1987).

_____. A dialogue with Paulo Freire. In: McLAREN, P.; LEONARD, P. (Orgs.). *Paulo Freire:* A Critical Encounter. Londres: Routledge, 1993. p. 169-76.

FRENCH, Robert; GREY, Christopher (Orgs.). *Rethinking Management Education.* Londres: Sage, 1996.

FREYRE, Gilberto. *Sobrados e mucambos. Decadência do patriarchado rural no Brasil.* São Paulo: Companhia Editora Nacional, 1936.

GADOTTI, Moacir. Prefácio. Educação e Ordem Classista. In: FREIRE, Paulo. *Educação e mudança.* São Paulo: Paz e Terra, 1988 (1. ed. 1979). p. 9-14.

_____. *Organização do trabalho na escola.* São Paulo: Ática, 1993.

_____. (Org.) *Paulo Freire: uma biobibliografia.* São Paulo: Cortez, 1996.

_____. Lições de Freire. *Educação, Sociedade & Culturas,* n. 10, p. 111-22, 1998.

_____. Cruzando fronteiras. Teoria, método e experiências freireanas. In: TEODORO, A. (Org.). *Educar, promover, emancipar. Os contributos de Paulo Freire e Rui Grácio para uma pedagogia emancipatória.* Lisboa: Edições Lusófonas, 2001. p. 47-77.

GADOTTI, Moacir; TORRES, Carlos Alberto. Paulo Freire, administrador público. In: FREIRE, Paulo. *A educação na cidade.* São Paulo: Cortez, 1991. p. 11-7.

GIBSON, Alan. Freirean versus entreprise education: the difference is in the business. *Convergence,* v. XXVII, n. 1, p. 46-57, 1994.

GIDDENS, Anthony. *A constituição da sociedade.* São Paulo: Martins Fontes, 1989.

GIL, José. *Portugal, hoje. O medo de existir.* Lisboa: Relógio D'Água, 2005.

GIROUX, Henry. *Pedagogia radical. Subsídios.* São Paulo: Autores Associados/ Cortez, 1983.

_____. Paulo Freire e a política de pós-colonialismo. *Pátio,* ano I, n. 2, p. 15-9, 1997.

HASSARD, John; PARKER, Martin (Orgs.). *Postmodernism and Organizations.* Londres: Sage, 1993.

HOOKS, Bell. Bell hooks speaking about Paulo Freire: the man, his work. In: McLAREN, P.; LEONARD, P. (Orgs.). *Paulo Freire*: A Critical Encounter. Londres: Routledge, 1993. p. 146-54.

ILLICH, Ivan. *Sociedade sem escolas.* Petrópolis: Vozes, 1977.

JARVIS, Peter. Paulo Freire: Educationalist of a Revolutionary Christian Movement. *Convergence,* v. XX, n. 2, p. 30-41, 1987.

_____. Paulo Freire. In: JARVIS, P. (Org.). *Twentieth Century Thinkers in Adult Education.* Londres: Routledge, 1991. p. 265-79.

LIMA, Licínio C. *Gestão das escolas secundárias. A participação dos alunos.* Lisboa: Livros Horizonte, 1988.

_____. *A escola como organização e a participação na organização escolar.* Braga: Universidade do Minho, 1992 (2. ed. 1998).

_____. Modernização, racionalização e optimização: perspectivas neo-taylorianas na organização e administração da Educação. *Cadernos de Ciências Sociais,* n. 14, p. 119-39, 1994.

_____. Crítica da racionalidade técnico-burocrática em educação: das articulações e desarticulações entre investigação e acção. In: Sociedade Portuguesa de Ciências da Educação, *Actas do II Congresso.* Porto: SPCE, 1995a. p. 25-37.

_____. Reformar a administração escolar: a recentralização por *controlo remoto* e a *autonomia* como delegação política. *Revista Portuguesa de Educação,* v. 8, n. 1, p. 57-71, 1995b.

_____. The Democratization of Democracy. A South European View on European Democracy and Citizenship Education. In: TIMMER, J.; VELDHUIS, R. (Orgs.). *Political Education Towards a European Democracy.* Maastricht: Instituut voor Publiek en Politiek, 1996a. p. 38-44.

_____. *Construindo modelos de gestão escolar.* Lisboa: Instituto de Inovação Educacional, 1996b.

_____. O paradigma da educação contábil: políticas educativas e perspectivas gerencialistas no ensino superior em Portugal. *Revista Brasileira de Educação,* n. 4, p. 43-59, 1997.

LIMA, Licínio C. Mudando a cara da escola: Paulo Freire e a governação democrática da escola pública. *Educação, Sociedade & Culturas*, n. 10, p. 7-55, 1998a.

_____. (Dir.) *Por favor, elejam a B. O associativismo estudantil na escola secundária*. Lisboa: Fundação Calouste Gulbenkian, 1988b.

_____. A administração do sistema educativo e das escolas (1986/1996). In: Ministério da Educação. *A evolução do sistema educativo e o PRODEP. Estudos temáticos*, v. I. Lisboa: Ministério da Educação/DAPP, 1998c. p. 15-95.

_____. E depois de 25 de abril de 1974. Centro(s) e periferia(s) das decisões no governo das escolas. *Revista Portuguesa de Educação*, v. 12, n. 1, p. 57-80, 1999.

_____. The Promised Land: school autonomy, evaluation and curriculum decision making in Portugal. *Educational Review*, v. 47, n. 2, 1995, p. 165-72.

_____. La gestión educativa universitaria. In: CASALI, A.; LIMA, L. C.; NUÑEZ, C.; SAUL, A. M. *Propuestas de Paulo Freire para una renovación educativa*. Guadalajara: Instituto Tecnológico y de Estudios Superiores de Occidente (ITESO), 2005. p. 139-52.

_____. *Educação ao longo da vida. Entre a mão direita e a mão esquerda de Miró*. São Paulo: Cortez, 2007.

_____. Gestão democrática. In: STRECK, D. R.; REDIN, E.; ZITKOSKI, J. J. (Orgs.). *Dicionário Paulo Freire*. 2. ed. Belo Horizonte: Autêntica, 2010.

LIMA, Licínio C.; AFONSO, Almerindo J. A emergência de políticas de racionalização, de avaliação e de controle da qualidade na reforma educativa em Portugal. *Educação & Sociedade*, n. 44, p. 33-49, 1993.

MACEDO, Donaldo. *Literacies of Power. What Americans Are Not Allowed to Know*. Boulder: Westview Press, 1994.

MAYO, Peter. When Does it Work? Freire's Pedagogy in Context. *Studies in the Education of Adults*, v. 25, n. 1, p. 11-30, 1993.

_____. *Gramsci, Freire and Adult Education. Possibilities for Transformative Action*. Londres: Zed Books, 1999.

McLAREN, Peter. Foreword. In: ESCOBAR, M.; FERNÁNDEZ, A. L. G. Guevara-Niebla with P. Freire. *Paulo Freire on Higher Education. A Dialogue at the National University of Mexico*. Albany: Suny Press, 1994. p. IX-XXXIII.

McLAREN, Peter. Um legado de luta e de esperança. *Pátio*, ano I, n. 2, p. 10-3, 1997.

_____.A pedagogia da possibilidade de Paulo Freire. *Educação, Sociedade & Culturas*, n. 10, p. 57-82, 1998.

McLAREN, Peter; SILVA, Tomaz Tadeu da. Decentering Pedagogy. Critical Literacy, Resistance and the Politics of Memory. In: McLAREN, P.; LEONARD, P. (Orgs.). *Paulo Freire*: A Critical Encounter. Londres: Routledge, 1993. p. 47-89.

MÉSZÁROS, István. *Marx's Theory of Alienation*. Londres: Merlin Press, 1975.

MONTEIRO, Agostinho dos Reis. (Re)encontro com Paulo Freire. *Revista de Educação*, v. III, n. 1, 1998, p. 123-8.

MORGAN, Gareth. *Images of Organization*. Londres: Sage, 1986.

MORROW, Raymond Allen; TORRES, Carlos Alberto. *Teoria social e educação. Uma crítica das teorias da reprodução social e cultural*. Porto: Afrontamento, 1997.

_____. Jürgen Habermas, Paulo Freire e a pedagogia crítica: novas orientações para a educação comparada. *Educação, Sociedade & Culturas*, n. 10, p. 123-55, 1998.

NOGUEIRA, Adriano; GERALDI, João W. (Orgs.) *Paulo Freire*: trabalho, comentário, reflexão. Petrópolis: Vozes, 1990.

NÓVOA, António. Paulo Freire (1921-1997): a "inteireza" de um pedagogo utópico. In: APPLE, M. W.; NÓVOA, A. (Orgs.). *Paulo Freire: política e pedagogia*. Porto: Porto Editora, 1998a. p. 167-91.

_____. *Histoire & Comparaison (Essais sur l'éducation)*. Lisboa: Escher, 1998b.

NÚÑEZ HURTADO, Carlos. *La revolución ética*. 2. ed. Guadalajara: Instituto Mexicano para el Desarrollo Comunitario, 1999.

O'CADIZ, Maria P.; WONG, Pia L.; TORRES, Carlos A. *Education and Democracy. Paulo Freire, Social Movements, and Educational Reform in São Paulo*. Boulder: Westview Press, 1998.

OLIVEIRA, Romualdo Portela; CATANI, Afrânio Mendes. *Constituições estaduais brasileiras e educação*. São Paulo: Cortez, 1993.

PAIVA, Vanilda Pereira. *Paulo Freire e o nacionalismo-desenvolvimentista*. Rio de Janeiro: Civilização Brasileira, 1980.

PARO, Vitor Henrique. *Por dentro da escola pública*. São Paulo: Xamã, 1995.

PARO, Vitor Henrique. *Eleição de diretores. A escola pública experimenta a democracia.* Campinas: Papirus, 1996.

_____. *Gestão democrática da escola pública.* São Paulo: Ática, 1997.

PINTASILGO, Maria de Lourdes. Prefácio. In: APPLE, M. W.; NÓVOA, A. (Orgs.). *Paulo Freire: política e pedagogia.* Porto: Porto Editora, 1998. p. 9-14.

POWER, Sally; WHITTY, Geoff. Market Forces and School Cultures. In: PROSSER, J. (Org.). *School Culture.* Londres: Paul Chapman, 1999, p. 15-29.

PUIGGRÓS, Adriana. Paulo Freire e os novos imaginários pedagógicos latino-americanos. In: APPLE, M. W.; NÓVOA, A. (Orgs.). *Paulo Freire*: política e pedagogia. Porto: Porto Editora, 1998. p. 91-112.

RADIO NEDERLAND. *Paulo Freire. O andarilho da utopia.* São Paulo: RN/CRIAR (documento CD), 1998.

RANSON, Stewart; STEWART, John. *Management for the Public Domain. Enabling the Learning Society.* Londres: St. Martin's Press, 1994.

REIS, Manuel. *Em torno de Ivan Illich.* São Paulo: Edicon, 2011.

ROCHA, Selma. *O modo petista de governar a educação no Brasil.* São Paulo: Comissão Nacional de Assuntos Educacionais do Partido dos Trabalhadores (polic.) (s.d.).

ROSAS, Paulo. Depoimento I. Recife: cultura e participação (1950-64). In: FREIRE, P. *Educação e atualidade brasileira.* São Paulo: Cortez, 2001. p. XLIX-LXXV.

RYAN, Brendan. And your corporate manager will set you free...: devolution in South Australian education. In: SMYTH, J. (Org.). *A Socially Critical View of the Self-managing School.* Londres: The Falmer Press, 1993. p. 191-211.

SANCHES, Maria F. C. A autonomia dos professores como valor profissional. *Revista de Educação*, v. V, n. 1, p. 41-63, 1995.

SANDER, Benno. *Gestão da educação na América Latina.* Campinas: Autores Associados, 1995.

SARAMAGO, José. Introdução. In: Sebastião Salgado. *Terra.* Lisboa: Caminho, 1997. p. 9-13.

SAUL, Ana Maria. A construção do currículo na teoria e prática de Paulo Freire. In: APPLE, M. W.; NÓVOA, A. (Orgs.). *Paulo Freire*: política e pedagogia. Porto: Porto Editora, 1998. p. 151-65.

SECRETARIA MUNICIPAL DE EDUCAÇÃO. *O movimento de reorientação curricular na Secretaria Muncipal de Educação de São Paulo* (Documento 2). São Paulo: Município de São Paulo (polic.), 1989.

_____. *Seleção e formação de operacionais*: uma nova experiência na educação municipal. São Paulo: Município de São Paulo, 1991.

_____. *Balanço geral da SME, Projeção Trienal*. São Paulo: Município de São Paulo, 1992a.

_____. *Construindo a educação pública e popular*. São Paulo: Município de São Paulo, 1992b.

_____. *Planejamento. Instrumento de mobilização popular*. São Paulo: Município de São Paulo, 1992c.

_____. *Problematização da escola*: a visão dos educadores, educandos e pais. São Paulo: Município de São Paulo, 1992d.

_____. *Regimento em ação. Caderno 1*. São Paulo: Município de São Paulo, 1992e.

_____. *Regimento em ação. Caderno 3*. São Paulo: Município de São Paulo, 1992f.

_____. *Reorientação curricular das escolas municipais de Educação Infantil*. São Paulo: Município de São Paulo, 1992g.

_____. *I e II Congressos Municipais de Educação*. São Paulo: Município de São Paulo, 1992h.

SÉRGIO, António. *Educação cívica*. Lisboa: Ministério da Educação, 1984 (1. ed. 1915).

SHOR, Ira. Education is Politics. Paulo Freire's Critical Pedagogy. In: McLAREN, P.; LEONARD, P. (Orgs.). *Paulo Freire*: A Critical Encounter. Londres: Routledge, 1993. p. 25-35.

SILVA JUNIOR, Celestino A. *A escola pública como local de trabalho*. São Paulo: Cortez/Autores Associados, 1990.

_____. A ideologia da incompetência do outro e outras ideologias de conveniência na relação neoliberalismo e educação. In: SILVA JUNIOR, C. A. et al. *Infância, educação e neoliberalismo*. São Paulo: Cortez, 1996. p. 74-92.

SILVA, Tomaz Tadeu da. *Identidades terminais. As Transformações na política da pedagogia e na pedagogia da política*. Petrópolis: Vozes. 1996.

SMYTH, John (Ed.). *A Socially Critical View of the Self-Managing School*. Londres: The Falmer Press, 1993.

SOUZA, João Francisco de. *Uma pedagogia da revolução. A contribuição do governo Arraes (1960-1964) à reinvenção da educação brasileira*. São Paulo: Cortez/Autores Associados, 1987.

STOER, Stephen R.; DALE, Roger. Apropriações políticas de Paulo Freire: um exemplo da Revolução Portuguesa. *Educação, Sociedade & Culturas*, n. 11, 1999, p. 67-81.

TOCQUEVILLE, Alexis. *Da democracia na América*. Porto: Rés-Editora. (s.d.)

TORRES, Carlos Alberto. From the *Pedagogy of the Opressed* to *A Luta Continua*. The political pedagogy of Paulo Freire. In: McLAREN, P.; LEONARD, P. (Orgs.). *Paulo Freire*: A Critical Encounter. Londres: Routledge, 1993. p. 119-45.

_____. Paulo Freire as Secretary of Education in the Municipality of São Paulo. *Comparative Education Review*, v. 38, n. 2, 1994, p. 181-214.

_____. A pedagogia política de Paulo Freire. In: APPLE, M. W.; NÓVOA, A. (Orgs.). *Paulo Freire: política e pedagogia*. Porto: Porto Editora, 1998. p. 151-65.

TRAGTENBERG, Maurício. *Administração, poder e ideologia*. São Paulo: Cortez, 1989.

_____. *Burocracia e ideologia*. São Paulo: Editora Unesp, 2006.

VAN DIJK, Teum A. *Ideology. A Multidisciplinary Approach*. Londres: Sage, 1998.

WEFFORT, Francisco C. Educação e política (Reflexões sociológicas sobre uma pedagogia da liberdade). In: FREIRE, Paulo. *Educação como prática da liberdade*. Rio de Janeiro: Paz e Terra, 1967. p. 1-26.

WHITTY, Geoff; POWER, Sally; HALPIN, David. *Devolution and Choice in Education. The School, the State and the Market*. Buckingham: Open University Press, 1998.

WOODS, Peter; JEFFREY, Robert. A New Professional Discourse? Adjusting to Managerialism. In: WOODS, P. (Org.). *Contemporary Issues in Teaching and Learning*. Londres: Routledge with The Open University, 1996. p. 38-56.

ZWEIG, Stefan. *O mundo de ontem. Recordações de um europeu*. Lisboa: Assírio & Alvim, 2005.

GRÁFICA PAYM
Tel. (11) 4392-3344
paym@terra.com.br